KB232330

이것도
AI가 만듦

이것도 AI가 만듦

By MooAm

기획 무암(MooAm)

저자 한선옥, 조인호, 문현웅

기획부터 제작까지,
10배속 영화 제작의 비밀

pazit

〈젠플루언서 GENFLUENCER〉 영화 스틸컷

풀 AI 제작

실제 배우와 캐릭터 학습 기반 제작

〈젠플루언서 GENFLUENCER〉 영화 스틸컷

풀 AI 제작

가상 인물과 공간 학습 기반 제작

〈젠플루언서 ^{GENFLUENCER}〉 영화 스틸컷

하이브리드 AI 제작
모니터·거울·세트장 공간 내 실제 배우 학습 기반 제작

〈젠플루언서 ^{GENFLUENCER}〉 영화 스틸컷

하이브리드 AI 제작
모니터·거울·세트장 공간 내 실제 배우 학습 기반 제작

〈젠플루언서 GENFLUENCER〉 영화 스틸컷

하이브리드 AI 제작

실내외 실제 배우 및 캐릭터 학습 기반 제작

〈젠플루언서 GENFLUENCER〉 영화 스틸컷

하이브리드 AI 제작

실내외 실제 배우 및 캐릭터 학습 기반 제작

〈**젠플루언서**^{GENFLUENCER}〉 영화 스틸컷

풀 AI 제작

의상 및 악세서리 각기 다른 환경에 맞춘
자체 캐릭터 레빈 생성 및 학습 기반 제작

〈젠플루언서^{GENFLUENCER}〉 영화 스틸컷

풀 AI 제작

의상 및 악세서리 각기 다른 환경에 맞춘
자체 캐릭터 레빈 생성 및 학습 기반 제작

GENFLUENCER

〈젠플루언서 GENFLUENCER〉 영화 스틸컷

하이브리드 AI 제작

건물 및 세트장 학습 기반 인서트 컷 제작

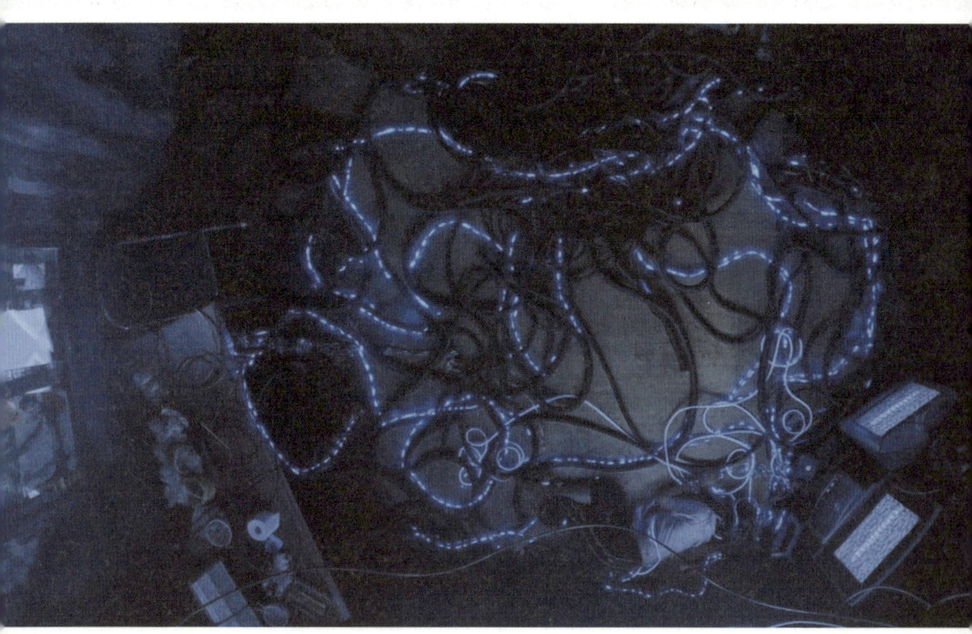

〈젠플루언서 GENFLUENCER〉 영화 스틸컷

하이브리드 AI 제작

건물 및 세트장 학습 기반 인서트 컷 제작

〈더 롱 비지터 The Wrong Visitor〉 영화 스틸컷

풀 AI 제작

반인반수 동물 캐릭터 생성 후 학습 제작

그룹 '빅오션^{Big Ocean}'의 〈버킷햇^{BUCKET HAT}〉 뮤직비디오 스틸컷

풀 AI 제작

실제 아이돌 학습 기반 제작

추천사

동아방송예술대학교 총장
김상교

새로운 기술의 등장 앞에 우리는 늘 망설이죠.

"정말 내가 이걸 할 수 있을까?"

평생 전통연희와 무대를 연구해 온 제가 생성형 AI 편집에 도전한 것 역시 조금은 '예상 밖'의 장면이었습니다. 하지만 놀라운 건 그 다음이었습니다.

프롬프트 한 줄,

그리고 몇 초 후 화면에 펼쳐진 장면들.

그 순간 저는 깨달았습니다.

AI는 '대체자'가 아니라 인간 상상력의 '확장자'가 될 수 있다는 것을.

이러한 생각은 강의실에서, 편집실에서 혹은 늦은 저녁 카페에서 AI 툴에 도전하거나 실패한 컷을 되살리려는 학생들의 모습에서 더 강해집니다. 예전이었다면 며칠이 걸렸을 작업이 불과 몇 시간만에 이뤄지는 것을 보며, 그 변화가 주는 설렘과 두려움을 동시에 느끼게 됩니다.

기술은 속도를 더해주고, 이야기는 감동을 더합니다.

둘이 만날 때, 창작은 더 멀리 나아갑니다.

수많은 기술서들 가운데, 이 책은 바로 그 지점을 짚어내고 있습니다.

AI 시대에 창작자가 가져야 할 태도와 소양에 대해 이야기합니다.

그건 단순한 매뉴얼이 줄 수 있는 정보가 아닙니다.

이 책이 가진 통찰의 힘입니다.

AI 시대, 창작의 해답은 기술이 아니라 '사람'입니다.

그리고 이 책은 그 사실을 가장 설득력 있게 보여줍니다.

초보자에게는 겁을 덜어주는 '첫 걸음'이 되고,

이미 뛰고 있는 사람에게는 '더 멀리 도약할 힘'이 될 것입니다.

학생들에게 뒤처지지 않으려는 마음으로 시작한 배움이었지만,

지금은 저 역시 새로운 시대의 창작자로 다시 태어나고 있다는 느낌

이 듭니다.

이 책이 여러분에게도 그런 경험을 선물하길 바랍니다.

차례

상상이 현실이 되는 시간,
딱 8일이면 충분했다

— 당신의 머릿속 이야기를 세상에 꺼내놓는 법 —

"딱 8일이 걸렸다."

시나리오에 묘사된 늑대 인간 문지기의 이야기를 영상으로 구현하는 데 소요된 시간이다.

나는 지난 15년간 영상 업계에 몸담아왔다. PD로 시작해 감독을 거쳐, 지금은 영화사 무암의 대표로 일하고 있다. 창작의 과정 뒤에는 언제나 제작비와 일정이라는 현실적인 제약이 있었다. 내 컴퓨터 폴더에는 예산 문제나 기술적 한계로 인해 제작되지 못한 기획안들이 쌓여 있다. "이건 예산이 너무 많이 들어서" "CG로 구현하려면 기간이 너무 오래 걸려서" 그런 이유로 멈춰 선 이야기들이다.

우리는 이것을 '현실적인 타협'이라고 불렀다. 시나리오 초고에 적었던 대규모 군중 신은 제작 회의를 거치며 소규모 골목길 장면으로 축소되었고, 이국적인 배경은 섭외 가능한 국내 로케이션으로 바뀌어야 했다. 감독으로서 가장 아쉬운 순간은 상상력이 부족해서가 아니라, 구현 비용 때문에 꼭 필요한 장면을 스스로 포기해야 할 때였다.

특히 늑대 인간이 등장하는 판타지물이 그랬다. 늑대 얼굴에 사람 몸을 한 문지기라는 설정은 특수분장이나 고도의 CG 작업이 필수적이다. 중소 제작사의 여건상 시도하기 어려운 기획이었기에, 예전 같으면 예산 검토 단계에서 제외되었을 것이다.

그런데 생성형 AI가 이 기획을 가능하게 만들었다. 촬영 장비나 특수분장 없이도 캐릭터를 구현할 수 있게 된 것이다.

2025년 3월, 작업실에서 AI 툴을 활용해 시나리오와 콘티, 캐릭터 시트를 기획하던 날이었다. 수차례 프롬프트를 수정하며 원하는 톤을 찾던 중, 모니터에 내가 구상했던 늑대 인간의 이미지가 나타났다. 디테일한 털의 질감과 캐릭터 특유의 눈빛이 정확히 구현된 것을 확인했을 때, 나는 비로소 막연했던 기획이 실현 가능한 결과물이 될 수 있음을 확인했다.

단순히 '원하던 이미지를 찾았다'라는 안도가 아니었다. "이제 비용 문제로 포기한다는 핑계는 댈 수 없겠구나" 하는 두려움도 앞섰다. 또한 화려한 군중 신, 시공간을 넘나드는 SF, 상상만 했던 기묘한 세계들… 보류해 두었던 그 모든 이야기들을 이제는 시도해 볼 수 있겠다는 가능성도 얻은 기회였다.

그렇게 완성한 AI 단편영화 〈더 롱 비지터The Wrong Visitor〉는 CGV AI 영화제 대상과 할리우드 AI 영화제 최고상을 받으며, 그간의 시행착오가 비로소 결실을 맺는 결과를 얻었다.

스마트폰 다음은, AI 혁명이다

거창하게 '4차 산업혁명'이니 '특이점'이니 하는 말을 하려는 게 아니다. 다만 피부로 느껴지는 변화가 너무나 뚜렷하다. 예전에 스마트폰이 처음 나왔을 때를 기억하는가? 비싼 카메라 없이도 누구나 일상을 영화처럼 찍을 수 있게 된 그 순간처럼, 지금 우리는 또 한 번 거대한 파도 앞에 서 있다.

이번 파도는 '텍스트'를 '영상'으로 바꿔주는 기술이다. 이제는 수십 명의 스태프나 비싼 장비가 없어도, 상상력만 있다면 내 방 책상 위에서 거대한 가상 스튜디오를 지휘할 수 있게 된 것이다. 이것은 단순한 도구의 발전을 넘어, 자본이 독점하던 '표현의 권력'이 개인에게 넘어오는 '창작의 민주화'다.

무암은 이 파도에 조금 일찍 몸을 실었다. 아니, 정확히 말하면 파도가 오기 전부터 바다를 지켜보고 있었다.

2022년 10월, 우리는 영화 〈계약직만 9번 한 여자〉를 제작했다. 웹툰 업계의 갑질을 다룬 장면이 있었는데, 극 중 PD가 작가를 협

박하며 이런 대사를 한다.

"작가님! AI가 그림 그리는 시대예요! 교체되고 싶어요?"

솔직히 말하면, 당시엔 반쯤은 허풍이었다. 그해 여름 미드저니Midjourney가 공개되었고, 스테이블 디퓨전 1.x stable diffusion 1.x가 뒤를 이었다. 호기심에 써봤지만, 결과물은 참담했다. 손가락이 여섯 개, 눈이 세 개인 괴물이 튀어나오기 일쑤였고, 512×512 해상도의 뿌연 이미지는 무드 보드 참고용이 고작이었다. 달리2 DALL·E 2도 마찬가지였다. 창의적인 샘플은 나왔지만, 상업용으로 바로 쓸 수 있는 물건은 아니었다.

하지만 그 '방향성'만은 분명히 보였다. 지금은 열 번 중 아홉 번이 실패작이지만, 이 기술이 1년, 2년 성숙하면 판이 완전히 바뀌겠구나 하는 직감이 있었다.

2023년, 무암은 AI R&D에 본격 착수했다. 미드저니 버전이 올라갈 때마다 같은 프롬프트를 넣어 비교했고, 작업을 지속하며 '건질 만한 한 장'을 추렸다. 런웨이 Gen-1이 나오자마자 테스트 영상을 만들어봤다. 기존 영상에 스타일을 입히는 방식이었는데, 모션이 흔들리고 프레임마다 형태가 살짝씩 무너졌다. "와, 방향성은 보인다. 근데 이걸 어디에 쓰지?" 그게 솔직한 감상이었다.

성공률은 체감상 10~20% 수준. 열 번 시도해서 건질 만한 게

한두 개 나오면 다행이었다. 하지만 그 한두 개의 '어, 이거 되는 데?'가 우리를 계속 붙잡아두었다.

그렇게 쌓인 노하우로 〈AI 잔혹동화〉를 칸시리즈Canneseries에 소개했고, AI 하이브리드 장편 영화 〈젠플루언서Genfluencer〉 제작에 돌입했다. 실사 배우와 AI 캐릭터가 한 화면에서 연기해야 하는데, 조명의 톤 앤 매너가 맞지 않아 수십 번을 다시 생성해야 했고, AI가 생성한 배경이 카메라의 워킹을 따라오지 못해 밤새 후반 작업을 다시 하기도 했다.

기존의 스태프들은 혼란스러워했다. "감독님, 대역 넣을까요, 말까요?" "그린 넣어요, 말아요?"라고 물을 때, 초기엔 나조차 명확한 답을 줄 수 없어 식은땀을 흘렸다. 하지만 그 치열한 충돌 속에서 우리는 새로운 문법을 발견했다. 배우의 미세한 떨림은 카메라로 담고, 그 배우를 감싸는 환상적인 공간은 AI로 채우는 방식. 아날로그의 온도와 디지털의 상상력이 결합하는 그 지점에서, 우리는 이전에 본 적 없는 새로운 미장센이 탄생하는 것을 목격했다.

4년이다. 무암이 AI와 씨름한 시간이.

하지만 오해는 마시라. AI가 모든 걸 알아서 해결해 주는 '만능 도깨비방망이'는 절대 아니다.

오히려 현실은 냉정하다. 다달이 결제해야 하는 AI 툴 구독료는 환율에 따라 출렁이고, 원하는 퀄리티를 얻기 위해 수천 장을 생성하다 보면 비용이 획기적으로 줄어드는 것은 아니다. 무엇보다 '영화를 만든다'는 행위의 본질적인 고단함은 똑같다.

AI는 상상력의 제한을 넓혀주었을 뿐, 그 상상을 조립하고 연출하여 하나의 세계로 완성해 내는 공정과 노력의 총량은 변하지 않는다. 아니, 선택지가 무한대로 늘어난 만큼 감독의 고뇌는 더 깊어질지도 모른다.

"AI가 내 밥그릇을 뺏어가면 어떡하죠?"

강연이나 미팅을 가면 후배 창작자분들이 가장 많이 묻는 질문이다. 눈빛에 불안함이 가득하다. 나는 솔직하게 대답한다.

"당연히 뺏어갈 것입니다."

그럼 다들 놀라는데, 나는 웃으며 덧붙인다.

"근데 뺏어가는 게 우리의 '창의성'이 아니라, '지루한 노동'일 것입니다."

우리가 영상 하나 만들려고 얼마나 고생했는가. 자료 찾는다고 밤새 구글링하고, 콘티 그리느라 끙끙대고, 단순 편집하느라 눈 빠지고… 이제 그런 건 AI라는 똘똘한 조감독한테 시키면 된다. "야, 19세기풍 의상 좀 찾아봐" "이 시나리오 좀 비평해 봐" 하고 말이다.

그렇게 아낀 시간과 에너지로 우리는 진짜 '감독'이 해야 할 일을 하면 된다. 이야기 속에 숨겨진 의미를 찾고, 캐릭터에 숨결을 불어넣고, 사람의 마음을 건드리는 일. 그건 AI가 죽었다 깨어나도 못 하는, 우리 인간만의 영역이기 때문이다.

이제 '감독'의 정의는 바뀌어야 한다. 과거의 감독이 현장을 지휘하고 스태프를 통솔하는 '리더'였다면, AI 시대의 감독은 수만 가지의 선택지 중에서 최상의 것을 골라내는 '큐레이터'이자 '편집장'이 되어야 한다.

AI는 1초에 4장의 이미지를 내놓을 수 있다. 1분이면 240장이다. 그 무수한 이미지의 홍수 속에서 내 이야기의 결에 맞는 단 한 장을 찾아내는 '안목'. 그리고 그 이미지를 왜 선택했는지 설명할 수 있는 '철학'. 그것이 바로 미래의 감독에게 요구되는 능력이다.

이 책, 이렇게 활용하라

그래서 이 책 『이것도 AI가 만듦』을 기획했다. 혼자 알기엔 너무 아까운, 그리고 혼자 헤매기엔 너무 복잡한 이 길을 함께 가고 싶어서다.

현장에서 부딪혀보니 툴 하나만 잘 다룬다고 되는 게 아니었다. 미드저니나 런웨이 같은 툴 사용법(교육)은 기본이고, 실제 현장

에서 이게 어떻게 통하는지(실무), 그리고 저작권이나 윤리 문제
는 어떻게 피해 가야 하는지(법과 윤리)까지, 세 박자가 맞아야 했
다. 그래서 각 분야 전문가들이 머리를 맞대고 꾹꾹 눌러 담았다.

책은 크게 세 파트로 나뉜다.

1부에서는 '어떤 영상을 만들 것인가'에 대한 전략을 이야기한
다. 툴의 기능은 업데이트될 때마다 바뀐다. 어제 배운 파라미터
가 내일은 쓸모없어질 수도 있다. 하지만 '어떤 이야기를 할 것인
가'에 대한 본질적인 고민, 즉 'VISION + α'가 확고하다면 도구의
변화는 두렵지 않다. 무암이 검증한 이 흥행 공식이 당신의 나침
반이 될 것이다.

2부는 직접 만들어보는 실전 파트다. AI 영상 제작이 처음인 사
람도 따라 할 수 있도록, 기획부터 편집까지 전 과정을 단계별로
안내한다. 어떤 툴을 어떤 순서로 써야 하는지, 첫 번째 영상을 완
성하기까지 무엇이 필요한지 차근차근 짚어준다.

3부에서는 다치지 않고 롱런하기 위한 안전장치, 즉 저작권과
윤리 가이드라인을 다룬다. AI 시대의 창작은 저작권 침해나 딥
페이크와 같은 위험과 맞닿아 있다. 나의 창작물이 누군가를 해
치는 무기가 되지 않도록, 어디까지가 영감이고 어디서부터가 침
해인지에 대한 기준을 제시한다.

Film by AI? No, Film with AI!

나는 CGV AI 영화제 수상 소감에서 이렇게 말했다. "AI영화는 'Film by AI'가 아니라 'Film with AI'라는 생각을 했다"고. 이 말에는 내가 AI와 씨름하며 깨달은 모든 것이 담겨 있다.

솔직히 말하면, AI에게는 '기능機能'은 있지만 '기동起動'은 없다. 버튼을 누르면 작동하는 능력은 있지만, 언제 어디서 왜 그 버튼을 눌러야 하는지는 모른다. **방향을 정하고 출발 신호를 내리는 건 오직 사람의 몫이다.**

AI라는 강력한 엔진을 달았다고 해서 자동으로 목적지에 도착하는 건 아니다. 운전대는 여러분이 잡아야 한다. 액셀을 밟을지 브레이크를 밟을지, 어디로 핸들을 꺾을지는 오직 드라이버인 당신만이 결정할 수 있다.

하지만 동시에, 이것은 엄청난 기회이기도 하다. 예전에는 영화를 찍어야 영화 감독이 되고, 시나리오를 완벽하게 써서 등단을 해야 작가라고 했다. 지금은 그런 구분이 무의미해졌다. 30년 차 베테랑 감독이든 대학교 3학년 학생이든, AI 앞에서는 같은 출발선에 선다. 상상력과 실행력만 있다면 누구나 자신만의 영상을 만들 수 있는 시대가 열린 것이다.

전공자가 아니어도 괜찮다. 대단한 기술이 없어도 된다. '이런 이야기 한번 만들어보고 싶다'는 마음 하나면 충분하다. 돈이 없어서, 팀이 없어서 서랍 속에 넣어뒀던 그 이야기, 이제 다시 꺼내 보라.

지금 여러분 손에는 할리우드 부럽지 않은 제작 시스템이 쥐어져 있다. 필요한 건 딱 하나, '일단 한번 해보자'는 가벼운 마음뿐이다.

여러분의 상상이 모니터를 뚫고 나와 세상과 만나는 그 짜릿한 순간, 무암과 이 책이 가장 가까이에서 응원하겠다.

자, 이제 새로운 세계로 가는 첫 번째 촬영을 시작하자.

영화사 무암 대표 / 감독 **현해리**

1장

당신도 할 수 있다,
초신성 생성형 AI 창작자

생성형 AI 분야의 성장과 현황

"자, 서비스야. This is service."

"할머니, 서비스는 'on the house'라고 해요. This is on the house라
고 하셔야죠."

"됐어! 줘도 난리야, 아주 그냥."

식당에서 떡국을 먹는 한 흑인 남성에게, 한국인 할머니가 '서
비스'라며 순대가 가득 놓인 접시를 건넨다. 남성은 유창한 한국
어를 하며 잘못된 영어 표현을 바르게 고쳐주지만 할머니는 그
말을 퉁명스레 받아치며 돌아선다.

에듀테크 기업 '야나두'가 지난 2025년 8월 10일 자사 유튜브
채널 '야나두 영어회화'에 올린 숏폼 동영상 내용이다. 같은 해
9월 1일 기준으로 이 영상 조회수는 무려 1,222만 회에 달했다.

영상 속에서 자연스레 대화를 주고받는 흑인 남성과 할머니 모두 실제 사람이 아니다. 이들은 지난 5월 첫 공개된 구글 AI 동영상 생성 모델인 '베오 3Veo 3'를 활용해 생성한 AI 이미지일 따름이다.

김민철 야나두 대표는 "예전이라면 스토리보드를 일일이 제작하거나 직접 촬영하고 편집까지 6~7개월 이상의 시간이 드는 것은 물론 비용도 무시 못할 정도로 소요됐다. 하지만, AI 기술 덕에 이 모든 것이 과거 대비 1% 수준으로 줄었다"고 설명했다. 이 숏폼 동영상 하나 덕에 '야나두 영어회화' 채널 구독자 수는 기존 대비 약 20만 명이 증가했다. 들인 비용 대비 효과, 이른바 '가격 대비 성능(가성비)' 측면에서 어마어마한 대박을 친 셈이다.

생성형 AI가 만든 영상은 이제 더 이상 소수 전문가만의 '비일상' 영역이 아니다. 이미 우리의 삶 곳곳에 생성형 AI 영상은 깊이 파고들어 있다. 실제로 유튜브 채널 정보를 제공하는 서비스인 '플레이보드'가 지난 2025년 8월 30일에 발표한 바에 따르면, 같은 달 18~24일 일주일간 한국에서 가장 많은 조회수를 기록한 작품은 다름아닌 생성형 AI의 손을 거친 '충격! 코끼리가 왜 갑자기 원숭이를 공격했을까'라는 영상이었다. 이는 유튜브 채널 '기묘한 동물들'에 2025년 8월 16일 업로드된 영상으로, 집계 기간 동안 기록된 조회수는 2,148만 회에 달했다.

한국콘텐츠진흥원이 최근 전국 2,513개 사업체를 대상으로 조사를 진행해 발간한 '2025년 2분기 콘텐츠 산업 동향 분석'과 'CONTENT with AI: 콘텐츠 산업 AI 활용 동향 및 일자리 변화' 보고서에 따르면 국내 콘텐츠 기업 중 20%는 이미 생성형 AI를 활용하고 있다. 이는 지난해 하반기 대비 7.1%포인트 증가한 수치다. 게임(41.7%)과 방송·영상(30.8%) 분야에서의 활용이 특히 활발했다. AI를 주로 쓰는 단계는 콘텐츠 제작(63.0%)과 창작 기획(43.0%) 순이었다. 또한 AI를 사용하는 기업의 100%가 향후에도 계속 활용하겠다는 응답을 했다.

+

생성형 AI 도입에 속도 내는 방송 및 광고업계

인터넷 매체보다 트렌드 반영과 신기술 도입에 훨씬 둔감한 방송가에서도 AI가 일으킨 변화의 물결은 거세다. 세계 각국 방송사들이 AI 앵커를 속속 도입하며 가상 인물과 인간 앵커가 공존하는 시대가 열렸다. 중국 신화통신은 2018년 세계 최초로 AI 뉴스 앵커를 선보였다. 쿠웨이트의 '페다Fedha', 그리스 공영방송 ERT의 '에르메스Hermes' 등이 그 뒤를 이었다.

한국에서는 MBN이 2020년 '김주하 AI 앵커'를 공개하며 국내 방송사 중 처음으로 AI 진행자를 도입했다. 이후 KNN, 딜라이브 등 지역 방송사로도 확산돼, 뉴스뿐 아니라 날씨·예능 등 다양한 영역으로 활용 범위가 넓어지고 있다.

AI 활용이 활발해짐에 따라 해외 주요 방송사들은 서둘러 내부 기준을 마련하고 있다. 영국 BBC는 AI가 작성한 뉴스 문장에 반드시 기자 검증을 거치도록 규정했다. 일본 NHK는 AI 합성 음성·가상 앵커 활용 시 인간의 판단에 따른 편집이 전제되어야 한다고 명시했다. 이 같은 가이드라인은 AI 오보 사례에서 비롯됐다. '미국 국방부 청사 폭발'이라는 허위 정보가 AI 이미지와 함께 SNS에 퍼지며 금융 시장에까지 영향을 미친 사건이 대표적이다.

국내 방송사 중에서는 KBS가 최초로 최근 'AI 가이드라인'을 마련했다. 핵심 원칙은 '인간 중심의 AI'다. "AI는 인간을 대체하는 존재가 아닌 보조 수단으로만 사용되어야 하며, 모든 제작 과정에는 인간의 감독과 승인이 필수"라는 것이 골자다. 또한 방송에서 AI가 사용될 경우 시청자에게 이를 명확히 고지해야 하고, 사용 내역을 기록·보존하도록 했다.

뉴스와 시사 프로그램에서는 검증되지 않은 AI 결과물 사용을 금지하고, 오류 발생 즉시 수정 및 원인 분석 절차를 의무화했다. 초상권 및 저작권 보호 조항도 아울러 포함했다. 시청자가 AI 콘텐츠를 쉽게 구분할 수 있도록 시각적 표시 가이드도 마련할 예정이다.

자본주의 사회에선 그 누구라도 접할 수밖에 없는 '광고' 분야에서도 생성형 AI 영상의 침투는 뚜렷하다. 삼성증권은 지난 2025년

6월 생성형 AI로 자사 모바일 트레이딩 시스템 'mPOP'을 소개하는 광고 영상을 제작해 공개했다. 우리카드는 '카드의정석2' 캠페인 영상에 생성형 AI를 적용했다. KB국민은행도 자사 앱 'KB스타뱅킹'을 소개하는 유튜브 광고에 생성형 AI 기술을 활용했다. 내로라 하는 대기업들마저도 유능한 생성형 AI 영상 제작자에게 관심을 기울일 수밖에 없는 이유다.

AI 생성 콘텐츠는 단순히 쉽게 보고 접할 수 있게 된 데서 그치지 않는다. 이제는 관련 지식이 없는 일반인도 손쉽게 영상을 만들 수 있을 만큼 다양한 AI 영상 생성 툴이 시장에 쏟아지고 있다. 그중 일부 기업은 두각을 나타내며 대규모 투자까지 이끌어 내고 있다.

이를테면 이스라엘 텔아비브에 본사를 둔 AI 스타트업 '디카트 Decart'는 최근 신규 투자금 1억 달러(원화 약 1,440억 원)를 유치하며 기업 가치를 31억 달러(원화 약 4조 4,640억 원)로 인정받았다. 세쿼이어캐피털, 벤치마크, 지브 벤처스, 알레프 VC 등 세계적으로 손꼽히는 벤처 캐피탈들이 이번 라운드에 투자자로 참여했다. 이번 투자를 포함해 디카트가 지금까지 유치한 자금 규모는 총 1억 5300만 달러(원화 약 2,200억 원)에 달한다.

2023년 설립된 디카트는 GPU 최적화 기술과 초저지연 영상 생성 모델의 결합에 기반한 실시간 생성형 동영상 솔루션이 주력

사업이다. 기존 생성형 AI 도구들 상당수는 정적인 결과물에 특화됐던 반면, 디카트는 상용 수준 영상 출력을 고프레임·저지연을 겸비한 높은 퀄리티로 제공해 게임·엔터테인먼트·로보틱스 등 다양한 분야에 활용되고 있다.

이들은 확산 모델 기반의 영상 생성 비용을 시간당 수백~수천 달러에서 25센트 이하까지 낮추며 대중의 접근성을 확연히 높였다는 평가를 받았다. 실제로 2024년 11월에 출시한 '오아시스Oasis'는 출시 사흘 만에 사용자를 100만 명 이상 확보하는 성과를 거뒀다. 또한 2025년 8월엔 오아시스의 기술력을 계승하면서도 더욱 정교하고 지연 없는 영상 변환 기능을 구현한 차세대 모델 '미라지LSDMirageLSD'를 선보였다.

2025년 8월엔 사우스폴Southpole이 미국 생성형 AI 전문 기업인 '플럭스 AIFlux AI'에 프리시드Pre-Seed 단계에 전략적 투자를 단행했다는 소식도 전해졌다. 이번 투자 결과 플럭스 AI 기업 가치는 1,000만 달러(원화 약 140억 원)에 다다른 것으로 평가됐다. 사우스폴은 글로벌 크리에이티브 그룹인 서비스플랜코리아에서 독립 출범한 AI 기업이며, 플럭스 AI는 텍스트, 영상, 오디오, 이미지 등 다양한 콘텐츠 제작을 전방위로 지원하는 올인원 통합형 생성 AI 플랫폼 '크레이지CRAISEE'를 개발한 미국 기반 테크 스타트업이다.

이러한 시장의 움직임은 그저 바다 건너에서만 벌어지는 '남의 일'이 아니다. 지난 2025년 2월엔 '알토스벤처스Altos Ventures'가 3D

기반 AI 영상 솔루션 '시네브이^{CINEV}'를 개발한 '시나몬^{Cinnamon}'에 110억 원 규모로 신규 투자를 진행했다고 밝혔다. 시나몬은 AI와 3D 기술을 하이브리드로 활용하는 영상 제작 스타트업이다. 신규 솔루션인 시네브이는 유저가 입력한 스토리를 기반으로 가상의 3D 공간에서 AI 기술을 통해 영상으로 구현한다. 사용자가 배우의 연기와 카메라 연출, 조명, 배경 등을 원하는 대로 편집할 수 있도록 지원해 누구나 영화 감독이자 1인 제작사가 될 수 있는 환경을 제공한다.

✛

AI, 영화 제작의 새로운 권력을 쥐다

생성형 AI 영상의 성장은 기술적 국면에만 그치지 않는다. 사회 전반적으로도 생성형 AI 영상을 엄연한 창작물로 인정하는 분위기가 확산되고 있다.

지난 2025년 5월 CJ CGV가 개최한 '제1회 AI 영화 공모전'이 그러한 풍토를 방증하는 사례다. CJ CGV는 영화에 큰 관심이 없는 사람도 이름을 알 만큼, 명실상부한 대한민국 대표 글로벌 미디어 기업이다. 그런 기업이 AI 기술을 활용한 영화 제작을 주제로 공모전을 개최했다는 사실은 업계 변화의 흐름을 상징적으로 보여준다.

본 책의 기획사이자 해당 공모전에서 대상을 받은 영화사 무암^{MooAm}의 작품인 〈더 롱 비지터〉의 연출을 맡은 현해리 감독은 "같은 현장에서 근무한 또 한 명의 스태프처럼, 나는 AI와 함께 '공동 작업'을 했다고 생각한다"라며 "AI가 때론 내가 원하지 않은 장면을 만들어오기도 하는데 오히려 좋기도 했다. 'Film by AI(AI에 의한 영화)'가 아니라 'Film with AI(AI와 함께하는 영화)'의 시대가 이미 온 듯하다"라고 덧붙였다.

30년 가까운 역사를 지닌 국제 영화제인 부천국제판타스틱영화제^{BIFAN}(이하 BIFAN)가 2025년 7월에 열린 제29회 행사에서 AI가 집필한 시나리오를 바탕으로 제작된 장편 영화 〈그를 찾아서〉를 개막작으로 선정한 것 역시 매우 의미심장하다. 이는 독일의 영화감독 베르너 헤어조크^{Werner Herzog} 감독의 영화 시나리오를 학습한 AI가 '집필한' 작품으로, 과거 헤어조크가 했던 "4,500년 후에도 컴퓨터는 내 영화만큼 훌륭한 영화를 만들 수 없을 것이다"라는 발언이 모티브가 됐다고 한다.

BIFAN은 지난 2024년 국내 최초 'AI 국제경쟁 부문'을 신설한 데 이어 2025년 행사 메인 포스터엔 AI 필름메이킹 기술을 도입했을 정도로 영상 부문에서의 생성형 AI 활용에 적극적인 태도를 보이고 있다. 실제로 신철 BIFAN 집행위원장은 2025년 6월에 열린 기자회견에서 "지난해 BIFAN에서 AI 영역을 한국 영화제 중 최초로 소개하면서 생각보다 큰 호응과 칭찬을 받았다. 영화인들이 AI 기술을 배워가는 걸 보며 대단히 기쁘기도 했다"라며 "향후 5년간 AI 필름메이커 1만 명을 육성하는 것을 BIFAN의 목표로 설정했다. BIFAN을 수도권 첨단 영상 제작의 허브로 만들어나가는 것이 저희의 야무진 꿈"이라 밝혔다.

업계에서는 생성형 AI 영상이 머지 않아 메이저한 장르로 등극하리라는 예측까지 나오고 있다. 이런 전망을 뒷받침하듯 2025년 11~12월에는 기존 영화 산업 안에서 AI가 '실험'을 넘어 독립 섹션과 시상 체계를 갖추는 사례가 빠르게 늘었다. 2025년 12월 로스앤젤레스 로스펠리즈 극장에서 열린 AI 국제영화제^{AI International Film Festival}는 극장 상영, 레드카펫, 시상식이라는 전통적 영화제 포맷 전체를 생성형 AI 단편에 할애했다. 영상을 다루는 사람이라면 누구에게나 익숙한 어도비^{Adobe}도 마찬가지다. Adobe MAX 2025에서는 여러 감독이 파이어플라이^{Firefly} 등 생성형 도구로 제작한 단편을 공식 세션에서 처음 공개했고, 이 작품들이 단순한 프리비즈가 아닌 완성된 단편영화로 자리 잡으면서 "스튜디오·툴 벤더·감독이 협업해 AI 영화를 선보이는 쇼케이스 모델"이 가시화됐다는 평가가 나왔다.

생성형 AI가 만드는 미래 일자리

지난 2025년 8월 29일 막을 내린 아시아 최대의 국제광고제 '매드스타즈(부산국제마케팅광고제)'의 이번 주제는, 다름아닌 'AI-vertising, AI 광고 마케팅 시대'였다. 이는 생성형 AI가 일상을 빠르게 점령하고 10억 사용자 규모로 성장하는 현시대의 트렌드를 반영해, 광고산업의 진정한 시대정신을 제시하려는 시도였다.

금번 행사의 기조연설자로서 마이크를 잡은 김종현 제일기획 대표이사는 '양손잡이형 에이전시: AI와 인간 창의성의 조화The Ambidextrous in the AI Era'를 기조강연 주제로 택했다. 그는 2년 전 애드아시아AdAsia 무대에서 'AI 시대 광고의 미래'를 전망했던 이래, 그 짧은 시간 동안 가공할 만한 AI의 발전이 업계를 급격히 재편했다고 평가했다. 과거 수주에서 수개월 걸리던 타깃 분석, 미디어 플래닝, 카피·이미지·영상 제작이 이제는 AI 기반의 실시간 데이터 분석과 자동화된 최적화 시스템으로 대체되면서 불과 며칠 만에 완성되고 있다는 것이다.

물론 한계점도 존재했다. 마케팅 업계 종사자를 대상으로 진행한 설문에서 응답자 중 70%는 AI가 생성한 콘텐츠의 가장 큰 문제점으로 '획일적이고 밋밋하다'는 점을 꼽았다. 또한《사이언스 애드밴시스Science Advances》에 실린 연구에서도 AI 활용이 개인의 창의성을 높이는 데는 도움을 주지만, 결과물 전체는 유사해져 집단적 창의성이 평균화되는 경향을 보여준다는 지적이 나왔다.

김 대표는 이러한 현상을 '모델 콜랩스Model Collapse'로 설명했다. AI가 생성한 콘텐츠를 다시 학습에 투입할수록 결과물은 단조롭고 무난해지는 현상이다. AI 창작물이 예측 오류를 최소화하려는 경향으로 무난한 값을 출력하기 때문이다. 독창적인 결과보다는 가장 안전한 결과를 산출해 내는 특성이 있다는 것이다. 이는 광고 크리에이티브가 지향하는 도전성과 독창성의 본질과 충돌한다.

그는 '**결국 인간과 AI의 차별점은 크리에이션creation과 제너레이션generation의 차이**'라고 해석했다. '크리에이션'은 인간의 의도나 생각을 반영해서 기존에 없던 새로운 것을 만드는 창작 활동이다. 반면 '제너레이션'은 특정 규칙이나 알고리즘을 바탕으로 기존 요소를 조합하거나 변형하는 생산 기술이다.

김 대표는 "크리에이션이 더 가치 있고 제너레이션이 덜 중요하다는 얘기를 하는 것이 아니라, 인간은 전에 없던 참신한 아이디어로 소비자를 감동시키는 메시지를 크리에이션해야 한다"라며 "AI와 인간의 크리에이티비티가 서로의 한계를 보완하고, 강점을 극대화할 수 있는 최적의 균형점에 도달하는 것이 AI 시대의 성공적 마케팅을 위한 필수 조건"이라고 했다.

그러한 논리에 기반해 김 대표는 AI 시대 에이전시의 지향점으로 한 손에는 AI를, 다른 한 손에는 창의성을 거머쥔 '양손잡이형 에이전시The Ambidextrous'를 제시했다. 미래의 광고업계에선 기술에 매몰되거나 기술을 외면하는 극단이 아닌, AI의 효율성과 인간의 창의성을 조화롭게 결합하는 '양손잡이형' 인재가 가장 유망하다는 것이다.

+

생성형 AI 영상이 이끄는 제작 현장의 변화

비단 광고 분야에서뿐만이 아니다. 독창성과 더불어 생성형 AI 영상 기술을 겸비한 인재라면 장차 전문가로서 택할 수 있는 일자리의 갈래는 가히 무궁무진하다. 시장조사업체 '튜브필터'에 따르면 지난 2025년 5월 4주 차를 기준으로 유튜브에서 구독자가 크게 늘어난 50개의 채널 중 8개는 AI 생성 영상을 숏츠로 올린

곳이었다. 생성형 AI 영상 전문가가 크리에이터로서 성공할 수 있는 저변이 넓어지고 있는 셈이다.

게임업계에서도 생성형 AI 영상 전문가 수요는 차츰 늘어나는 추세다. 이를테면 엔씨소프트^{NCSOFT}는 2025년 상반기 매출 대비 22%에 달하는 1,611억 원을 R&D 비용으로 사용했다. 이들은 반기보고서에서 생성형 AI와 고품질 메타버스 구현 핵심 기술 중 하나인 'NeRF^{Neural Radiance Fields}' 기술을 추적 연구하며 게임 및 영상 제작에 활용할 수 있는 환경을 구축하는 동시에 오픈소스 음악 생성 AI 모델을 활용한 인게임 음악 제작 자동화 방안을 연구하는 데 R&D 투자금을 활용했다고 밝혔다.

게다가 과거 한때 존재했던 게임업계의 AI에 대한 거부감마저도 최근 들어선 점차 허물어지는 추세다. 가령 세계 최대 게임 플랫폼인 '스팀^{Steam}'은 2023년 6월 시점엔 AI가 사용된 게임의 입점을 금지했으나, 2024년 1월엔 AI를 활용한 게임의 출시를 허용한다고 태도를 바꾸어 공지했다. AI가 만든 그래픽, 사운드, 코드 등이 쓰인 게임을 스팀에서 판매할 수 있을 뿐만 아니라 실시간으로 AI가 적용되는 게임까지 플랫폼 진입을 허가했다.

방송가 내부로도 생성형 AI 영상은 빠르게 침투하며 존재감을 과시하고 있다. 2025년 여름엔 EBS가 전편 AI 제작 방송 프로그램인 'EBS AI 단편 극장'을 시리즈로 방송했다. 생성형 AI를 활용해 제작된 'AI 단편 극장'은 PD, 기술, 촬영, 사업 기획 등 각기 다른 직군의 제작자가 각자의 이야기를 전 과정에 걸쳐 AI와 협업해 만들어낸 작품이다. 국내에선 최초로 전편을 AI로 제작한 방송용 영상물이다.

물론 방송용 영상에 부분적으로 AI를 활용하는 시도는 이미 존재했다. MBC가 2025년 7월 '신비한TV 서프라이즈' 프로그램에 AI를 활용한 'PROJECT AI' 특집을 편성한 것이 사례 중 하나다. 제작진은 실존 인물을 기반으로 AI 이미지를 생성한 뒤 배우들의 연기를 촬영해 생성된 AI 영상에 이를 반영했다. 그간 재연 배우와 소품을 사용해 연출했던 미세한 표정, 대사, 시대 배경, 건물, 의복 등을 AI로 대신한 것이다.

온라인 동영상 서비스^{OTT}나 영화업계도 예외는 아니다. 블룸버그에 따르면 세계 최대 OTT 기업인 '넷플릭스^{Netflix}'는 생성형 AI 스타트업 '런웨이 AI'의 영상 제작 도구를 콘텐츠 제작에 실제로 도입하는 중이다. 뉴욕에 본사를 둔 '런웨이'는 AI 영상 기술을 상용화한 대표 기업 중 하나로, 텍스트 프롬프트를 활용해 영상 클립을 생성하는 기술을 선보인 바가 있다.

디즈니 역시 유사한 기술을 테스트 중인 것으로 알려졌다. 런웨이 AI의 기술을 사용한 것은 아니지만, 넷플릭스는 아르헨티나 드라마 〈엘 에테르나우트^{El Eternauta}〉에서의 무너지는 건물 장면에

AI 기반 시각 효과 기술을 처음으로 활용했다. 테드 서랜도스^{Ted} ^{Sarandos} 넷플릭스 최고경영자^{CEO}는 "AI를 써서 시각 효과의 제작 속도를 높이는 동시에 비용을 줄이고 있다"고 설명했다.

할리우드 메이저 스튜디오들도 AI 기술을 실험적으로 도입하고 있다. 마틴 스코세이지^{Martin Scorsese} 감독의 영화 〈아이리시맨^{The} ^{Irishman}〉은 AI 디에이징 기술을 활용해 주연 배우들의 젊은 시절 얼굴을 재현했으며, 이 기술로 아카데미 시각 효과상 후보에 오르기도 했다. 2024년에 개봉한 〈퓨리오사: 매드맥스 사가^{Furiosa: A} ^{Mad Max Saga}〉에서는 아역 배우와 성인 배우의 얼굴을 AI로 자연스럽게 이어 붙이는 기술이 쓰였다. 오스카상 후보에도 올랐던 대런 애러노프스키^{Darren Aronofsky} 감독은 2025년 5월, 구글의 AI 영상 제작 모델 베오 3을 활용하여 단편 영화 〈앤세스트라^{Ancestra}〉를 제작해 공개했다. 지난해 12월 국내 극장가에는 생성형 AI로 제작한 첫 상업 영화 〈엠호텔〉과 배우 나문희의 초상을 활용한 영화 〈나야, 문희〉가 정식으로 상영되기도 했다. 이러한 시도가 늘어날수록 생성형 AI 영상 기술 분야 전문가들의 입지가 커지는 것은 당연지사다.

미술과 기술의 접점에서 드러난 AI의 존재감

미술 전시장에서도 AI를 활용한 전시가 잇따라 열렸다. 2025년 3월 서울 강남구 코리아나미술관에서 열린 '합성열병'전은 생성형 AI의 가능성과 한계, 이를 둘러싼 흥분과 두려움이 교차하는 오늘날의 지형을 동시대 작가 아홉 명의 시선으로 조망했다. 이 전시에서는 AI와 인간의 관계, 데이터 편향, AI 환각, 유령 노동 등 다양한 주제를 다루며 로렌스 렉^{Lawrence Lek}의 장편 영상과 호루이 안^{Ho Rui An}의 영상 설치 작품을 비롯해 김현석, 양아치, 장진승 등 국내 작가들의 신작을 선보였다.

미디어 아티스트인 김아영 작가는 서울 강남구 아뜰리에 '에르메스'에서 2025년 3월에 공개한 신작 '알 마터 플롯 1991'에 생성형 AI를 활용했다. 김아영 작가는 가족 앨범에서 꺼낸 사진과 실사 촬영 영상 등을 생성형 AI와 게임 엔진 애니메이션 등의 첨단 기술로 재구성해 석유파동과 한국 건설 기업의 중동 진출, 그리고 그에 얽힌 작가 본인의 개인사가 교차하는 한 편의 이야기를 만들어냈다.

프랑스 현대미술계의 거장인 피에르 위그^{Pierre Huyghe}가 서울 용산구 한남동에서 2025년 2월 개최한 아시아 최초 개인전인 '리미널Liminal'에도 생성형 AI 영상이 상영되었다. 그는 AI를 기반으로 주변 환경의 온·습도나 소리 등을 작품 영상에 실시간 반영하는 기법을 활용했다.

시장조사업체 '그랜드뷰리서치'에 따르면 지난 2023년 26조 9,000억 원이던 글로벌 미디어 분야 AI 시장 규모는 오는 2030년 엔 132조 원까지 커질 전망이다. 하지만 관련 기술 인력은 시장 성장세를 쉽사리 따라잡지 못할 전망이다. 과학기술정보통신부 는 2027년이 되면 디지털 미디어 기술 인력이 약 1만 명 부족할 것이라 내다봤다. 또한 현장 수요에 발맞추고자 2027년까지 디지 털미디어 기술 인력을 1만 1,000명 양성하고, 제작된 영상을 재 촬영 없이 AI 기술로 자유롭게 변경할 수 있는 '프로그래머블' 미 디어 기술을 개발한다는 계획을 세웠다. 적어도 국내에선 생성형 AI 영상과 관련된 일자리가 단기간에 폭발적으로 늘어날 수 있는 기틀이 착실하게 마련되고 있는 셈이다.

2장

AI 시대에도 유효한, '대박 치는' 영상의 조건

'생성형 AI 시대', 영상 스토리텔링이 더 중요해진 이유

AI 영상 제작 대혁명, 콘텐츠 민주화 시대가 열렸다

역사적으로 '전문가'라 불리는 집단은 언제나 자신들만의 독점적 무기를 통해 입지를 굳혀왔다. 변호사, 기자, 의사와 같은 전문직뿐만 아니라 영화·드라마·광고 등 콘텐츠 제작 분야 역시 예외가 아니었다. 고도의 기술적 숙련과 장비, 제도적 장벽을 쌓아 올림으로써 외부인의 진입을 제한하고, 이를 통해 전문가만이 누릴 수 있는 권위를 유지했다.

영상 제작 역시 불과 몇 년 전까지만 하더라도 일부 전문가들만이 다룰 수 있는 고도의 전문 영역으로 여겨졌다. 고성능 카메라와 전문 조명 장비, 정교한 편집 시스템, 그리고 수년간의 경험과 감각이 어우러져야만 비로소 완성도 높은 결과물이 나올 수 있었다. 특히 VFX, CG, 실감 영상 파트는 고난도의 전문 영역이었다. 그러나 최근 몇 년 사이 급격히 발전한 AI 기술은 이러한 한계를 빠르게 무너뜨리고 있다. 누구나 텍스트 몇 줄을 입력하는 것만으로도 짧지만 감각적인 영상이 완성되는 시대, 바로 '콘텐츠 민주화'의 시대가 우리 앞에 다가왔다.

✛

10년 후에도 AI에 대체되지 않을 직업? 바보야, 그런건 없어!

최근 미래학자와 AI 전문가들이 받는 질문 중 가장 곤혹스러운 것은 무엇일까? 바로 10년 뒤에도 안전할 직업을 묻는 학부모들의 질문이라고 한다. 이에 대해 전문가들은 "그런 직업은 별로 없다"고 답하고, 대신 새로 생겨날 직업을 예측하거나 사고의 패턴을 바꾸라고 조언한다. AI 초기에는 많은 전문가가 대체 불가능한 영역, 즉 창의성이 강하게 요구되는 예술 분야나 인간 고유의 신체적 서사가 있는 스포츠 등은 살아남을 것이라고 예측했다.

그러나 최근 더 급속히 발전하는 AI 기술은 이러한 예상조차도 무너뜨리고 있다. 창작 영역에서는 AI가 이미 음악·그림·영상 제작에 도전하고 있고, 스포츠에서도 데이터 기반의 분석과 시뮬레이션이 경기 양상을 변화시키고 있다. 인지과학자이자 AI 전문가인 김상균 교수는 이제 '어떤 직업이 살아남느냐'에 집착하기보다, AI 시대에 요구되는 핵심 역량을 기르는 것이 더 중요하다고 강조한다. 미래에는 완전히 새로운 직업이 끊임없이 생겨날 가능성이 크며, 인간의 수명이 늘어나면서 한 사람이 여러 직업을 전환하며 살아가는 시대가 될 것이라는 것이다. 즉, 특정 직업의 안정성에 기댈 것이 아니라, 변화 속에서도 적응하고 학습할 수 있는 능력이 핵심 경쟁력이라는 의미다.

특히 딥페이크, 허위 정보 생성, 저작권 침해와 같은, AI 영상 제작과 함께 불가피하게 떠오른 수많은 문제는 인간이 도구를 제대로 사용할 환경과 제도의 통제자로써의 더 큰 역할을 요구하고 있다. 초기에는 기술 그 자체만으로 소비자의 관심을 끌 수 있었지만, AI 영상 제작이 대중화되면서 이제는 누가, 어떤 창의성으로 도구를 활용하느냐가 핵심 경쟁 요소로 떠오르기 때문이다. **즉, '누구나 만들 수 있는 시대'라는 점은 곧 '누구나 치열하게 경쟁해야 하는 시대'라는 의미이기도 하다.** 따라서 기술 자체보다는 창작자의 창의성과 영상 스토리텔링 능력이 시장에서 진정한 승부를 가르는 요소가 될 것이다. '생성형 AI'는 단순히 빠른 제작을 가능하게 하는 수단이 아니라, 창작자가 얼마나 독창적인 스토리와 영상언어를 구사할 수 있는지를 시험하는 장치가 될 것이다.

+

그래도 진정한 승자는 인간이 될 것이다

이 지점에서 필자는 "영상 제작의 기본으로 돌아가자"고 말하고 싶다. 역사적으로 TV는 라디오를, 실감 입체영상은 2D영상을 대체할 것이라고 호들갑을 떨었지만, 결국 '기술'은 그 자체보다도, 인간에게 가장 편안하고 자연스러운 방식으로 몰입과 감동을 전달하는 도구일 때 비로소 존재 가치를 증명해 왔다. 어떤 기술로 표현되든, 성공하는 콘텐츠에는 언제나 창의적이고 차별화된 '영상언어'와 '스토리텔링 전략'을 담고 있다.

AI 시대, 프롬프트 엔지니어링prompt engineering 기술 또한 단순한 기술적 숙련도보다는 그것을 연출하고 설계하는 크리에이터의 영상적 이해도와 독특한 영상 감수성에 달려 있다고 해도 과언이 아니다. 예컨대 오픈 AI의 소라SORA와 구글Google 딥마인드DeepMind 의 베오는 짧은 텍스트 프롬프트만으로도 영화 수준의 시각적 장면을 생성할 수 있다. 그러나 장면 구성·스타일·조명·음향 등을 얼마나 체계적으로 구조화할 수 있는가는 단지 프롬프트 레퍼런스를 익히는 것만으로는 충분하지 않다. 같은 AI 도구를 사용하더라도, 누가 어떤 감각으로 어떤 프롬프트를 입력하느냐에 따라 결과물은 천차만별로 달라진다.

결국 AI 영상 제작은 단순한 기술 혁신을 넘어, 인간이 가진 상상력과 통찰력을 시험하는 새로운 무대인 것이다. 즉, 기술 발전에도 불구하고, 관객의 마음을 움직이는 것은 여전히 이야기의 힘이고, AI 시대에 더욱 빛나는 것은 기술 자체가 아니라 '영상 스토리텔링' 능력에 좌우된다. 기술의 민주화가 창작의 기회를 확대하는 것은 분명하지만, 진정한 승부는 여전히 인간의 창의성에 달려 있다. 그리고 그것이야말로 AI 시대의 영상 크리에이터가 반드시 기억해야 할 출발점인 이유다.

"생성형 AI툴을 자유자재로 운용하는 당신, 이제 박찬욱, 봉준호의 영상 감각과 비주얼 스토리텔링 전략도 함께 장착하자!"

+

AI 시대, 영상 스토리텔링이란?

오늘날 AI 기술은 영상 제작의 전 과정을 빠르게 변화시키고 있다. 시각 효과, 편집, 색보정, 심지어 배우의 목소리와 얼굴까지 AI가 자동으로 생성하고 조정할 수 있는 시대가 도래하였다. 이러한 변화는 영상 제작에 드는 비용과 시간을 혁신적으로 줄여주었고, 누구나 손쉽게 영상 창작자가 될 수 있는 환경을 열어주었다. 그러나 기술의 민주화가 곧바로 완성도 높은 콘텐츠를 보장하는 것은 아니다. 오히려 동일한 도구를 누구나 사용할 수 있게 되면서, 영상의 경쟁력은 기술적 완성도가 아니라 '스토리텔링의 힘'에 의해 결정되기 시작했다.

'영상 스토리텔링'이란 단순히 사건을 나열하는 것이 아니라, 시청자의 감정을 움직이고 몰입을 이끌어내는 내러티브의 설계 과정이다. AI가 아무리 정교한 이미지를 만들어내더라도, 그 이미지에 생명력을 불어넣는 것은 이야기가 가진 힘이다. 이는 고대 구전 설화부터 현대 영화까지 변하지 않는 본질적 요소이기도 하다. 결국 AI가 만들어낸 수많은 시각적 결과물 가운데, 사람들의 마음을 사로잡을 수 있는 콘텐츠는 이야기적 완결성과 정서적 공명을 가진 작품일 수밖에 없다. 즉, 기술적 격차가 좁혀지면서 오히려 관객의 선택을 좌우하는 요소는 '기술'이 아니라 이야기의 힘, 즉 '스토리텔링'으로 이동하게 된 것이다.

'이야기'는 단순한 줄거리의 나열이 아니라, 시청자의 정서를 자극하고 몰입을 유도하는 서사적 구조다. 인간은 본능적으로 서사를 통해 세상을 이해한다. AI가 아무리 정교한 이미지를 합성하더라도, 그것을 의미 있는 맥락으로 엮어내지 못한다면 관객에게 감동을 줄 수 없다. 따라서 AI 시대일수록 영상 스토리텔링은 기술적 진보를 넘어서는 핵심 가치로 부상하고 있다.

또한 AI는 기존의 창작 방식에 새로운 가능성을 부여하지만, 동시에 서사의 진정성을 위협하기도 한다. 대량 생산되는 영상들이 모두 비슷한 패턴과 형식을 따를 경우, 관객은 쉽게 피로감을 느낀다. 이때 차별성을 만드는 것은 인간적 경험에서 비롯된 독창적 스토리이다. 예를 들어, 지역 공동체의 목소리, 개인적 체험의 서사, 혹은 철학적 성찰이 담긴 이야기는 AI가 단순히 모방하기 어려운 차별적 가치가 된다. 우리는 이 부분에서 그 유명한 마틴 스코세이지 감독의 "가장 개인적인 이야기가 가장 세계적인 이야기다"라는 말을 떠올리게 된다.

✛

영상 스토리텔링과 언어적 스토리텔링의 차이

신입생들에게 '영상 스토리텔링' 하면 무엇이 떠오르냐고 물었다. 대부분 학생은 영화에서의 시나리오 작업 혹은 팩추얼과 쇼 콘텐츠에서의 구성을 떠올렸다. 그런데 영상 스토리텔링은 '문자 언어'로 표현된 스토리텔링과는 차원이 다른 강력한 매체적 특징을 지니고 있다.

언어적 스토리텔링이 장면을 묘사한 글의 한 줄 한 줄을 읽어서 전체를 상상하는 방식이라면, 영상 스토리텔링은 한 장의 프레임 속에 표현된 영상을 통해 스토리를 시각으로 느끼는 방식이다. 이것은 인간의 본능에 가까운 것으로, 역사적으로 보면 영상 스토리텔링은 문자 언어가 없었던 선사 시대로 거슬러 올라간다.

프랑스 쇼베 동굴벽화
선사 시대 벽화로 동물의 역동적인 움직임을 현대 애니메이션 기법을 연상시키는 '연속동작'으로
묘사함

인간은 자연의 아름다움, 심지어 움직임이 강한 역동성조차도 정지된 한 장의 영상으로 표현해 내고자 했다.

문자언어를 통한 스토리텔링과 영상언어를 사용하는 스토리텔링의 차이를 정리해 보자. 문자언어는 시간과 지면의 제약 없이 표현하고 싶은 대상을 차례차례 병렬적으로 묘사한다. 눈앞에 특정한 이미지를 그려내지 않기 때문에 인간의 상상력을 열어준다고 평가된다.

반면, 영상 스토리텔링은 영상과 소리를 통해 스토리를 직접적으로 묘사한다. 따라서 직감적으로 받아들인다. 단, 영상 스토리텔링은 매체와 플랫폼의 특성상 시간 제약이 있기 때문에 언어적 스토리텔링에 비해 선택과 집중 또는 생략 기법을 활용해 효과적으로 표현한다.

문자언어와 영상언어의 차이

문자언어	영상언어
- 읽는 매체, 문자로 서사를 이해	- 영상과 음향으로 전달
- 이미지를 상상	- 직접적으로 받아들임
- 시간 제약이 없음	- 시간 제약이 있음

이러한 영상 스토리텔링의 특징을 요약하면,

- 타임테이블 위에

- 프레임 단위로

- 빛과 카메라 렌즈를 통해

- 시각, 청각 등 오감을

- 창의적으로 묘사하는

- 정서적 스토리텔링 방식

즉, 영상 스토리텔링은 빛과 카메라로 포착한 영상의 프레임으로 의미를 만들어내는 것으로, '괜찮은 아이디어를 흥미진진한 이야기로 바꾸는 기술'이라고 할 수 있을 것이다.

미래학자 롤프 옌센Rolf Jensen 또한 이야기의 가치를 이렇게 평가했다.

"사람들은 단순히 기능보다는 자신의 꿈과 감성을 만족시키는 제품을 구매하고자 한다. 사람들을 매혹시키는 것은 상품의 사용가치나 교환가치가 아니라 그 상품에 깃들어 있는 이야기이다."

+
성공하는 영상 스토리텔링의 특징

영상 스토리텔링은 '누가, 어디서, 무엇을 하는가'라는 스토리의 핵심 요소를 기본으로, '어떤 비주얼 전략과 사운드 요소를 촬영 및 편집기법을 통해 새롭고 창의적으로 표현하는가'의 전 과정을 의미한다. 그리고 지금 이 순간에도 다양한 영상 스토리텔링 전략을 바탕으로 수많은 작품이 관객의 마음을 사로잡기 위해 속속 시장에 선보이고 있다. 그리고 성공한 작품들을 살펴보면 몇 가지 공통적 요인들을 발견할 수 있는데, 대체로 이러한 요소들이 복합적으로 작용해 흥행으로 이어졌음을 확인할 수 있다.

영역	특징	설명
주제 / 스토리	사회적 공감 / 시대정신	단순 오락을 넘어서 시대상, 사회문제 등의 주제
	탄탄한 스토리 + 몰입감 있는 전개	시청자가 이야기 속으로 빨려 들어가게 만드는 힘
캐릭터	캐릭터 공감 / 연기력	주연, 조연 모두 매력 있고 깊이 있는 캐릭터
장르	장르의 새로움 / 변형	기존에 없던 장르나 조합을 시도
연출력	연출 / 영상 기술 / 연출적 완성도	미장센, 촬영, 편집, CG 등이 작품 몰입을 끌어줌
마케팅	마케팅 & 타이밍	예고편, 티저, 배우 홍보, 개봉 또는 방영 시점 전략 등
	플랫폼 확장 & 글로벌 유통	OTT, 스트리밍 플랫폼을 통한 해외 유통
	화제성 / 입소문 / SNS 확산	시청자 입소문 및 화제 장면 유출

이를 최근 10년 내 대표적인 천만 흥행 작품들에 적용해 보면,

〈베테랑〉
- **개봉 연도:** 2015
- **관객 수:** 약 1,341만 명 돌파
- **성공 요인 분석:**
  - 속도감 있는 범죄 수사 스토리
  - 정의 구현 욕구, 유머와 긴장 적절한 배합
  - 스타 배우들과 강한 캐릭터 조합

〈암살〉
- **개봉 연도:** 2015
- **관객 수:** 약 1,270만 명 돌파
- **성공 요인 분석:**
  - 역사적 배경 + 액션과 스파이 스릴러 요소 결합
  - 배우의 연기력
  - 대규모 제작 스케일

〈극한직업〉	• **개봉 연도**: 2019 • **관객 수**: 약 1,626만 명 돌파, 한국 역대 흥행 2위 • **성공 요인 분석**: – 코미디 + 액션 장르 조합 – 쉬운 접근성, 캐릭터 매력 – 입소문(N차 관람 유도)
〈신과함께: 죄와 벌〉 〈신과함께: 인과 연〉	• **개봉 연도**: 2017 / 2018 • **관객 수**: 각각 1,441만 / 1,227만 명 돌파 • **성공 요인 분석**: – 판타지 – 사후 세계 설정 + 인간 드라마 조합 – 시각 효과 기술 – 원작 웹툰 인기 기반
〈기생충〉	• **개봉 연도**: 2019 • **관객 수**: 1,031만 명 돌파, 아카데미 작품상 수상 등 국제적 성공 • **성공 요인 분석**: – 날카로운 사회 부조리극 – 뛰어난 연출 및 연기 – 해외 마케팅 – 영화제 배급 전략
〈범죄도시2〉	• **개봉 연도**: 2022 • **관객 수**: 약 1,269만 명 돌파 • **성공 요인 분석**: – 액션 장르 집중 – 캐릭터 중심 스토리 – 속편의 기대

- 장르 혼합: 코미디 + 액션, 판타지 + 드라마 등

- 몰입도 있는 서사와 감정선

- 캐릭터 중심 구조

- 기술 / 연출 완성도 상승

- 마케팅 및 배급 전략

- 후속작 / 시리즈 효과

- 사회적 공감 또는 화제성

이러한 공식은 최근 콘텐츠 시작의 자본이 집약되고 있는 OTT 플랫폼의 드라마 시리즈를 통해서도 적용해 볼 수 있다.

〈오징어 게임〉	• **시점 및 플랫폼**: 2021 넷플릭스 글로벌 공개 • **주요 성과 / 화제성**: 전 세계적인 히트작, 넷플릭스 순위 상위 유지 • **성공 요인 분석**: – 기발한 '서바이벌' 콘셉트 – 사회적 메시지 – 배우의 연기력 – 긴장감 있는 연출 – 글로벌 접근성
〈이상한 변호사 우영우〉	• **시점 및 플랫폼**: 2022 넷플릭스 / TV 방영 • **주요 성과 / 화제성**: 국내외에서 큰 반응, 화제작 • **성공 요인 분석**: – 자폐 스펙트럼 인물 중심 이야기 – 법정 드라마 + 인간 드라마가 균형 있게 조화됨
〈D.P.〉	• **시점 및 플랫폼**: 2021 넷플릭스 • **주요 성과 / 화제성**: 군대 내 폭력·부조리를 현실적으로 묘사 • **성공 요인 분석**: – 사회문제를 담은 소재 – 리얼 묘사 – 몰입감 있는 전개
〈모범택시〉	• **시점 및 플랫폼**: 2021 SBS TV 방영 / 2025 넷플릭스 • **주요 성과 / 화제성**: 아시아 여러 국가에서도 인기 • **성공 요인 분석**: – 복수 대리운전이라는 독특한 설정 – 액션 – 사회정의적 메시지

〈보물섬〉	• **시점 및 플랫폼**: 2025 SBS TV 방영 • **주요 성과 / 화제성**: 방영 중 시청률 상승(최고 시청률 약 14.7%) • **성공 요인 분석**: – 복수극 + 반전 요소 + 배우 조합 + 몰입감 있는 플롯
〈귀궁〉	• **시점 및 플랫폼**: 2025 SBS TV 방영 • **주요 성과 / 화제성**: 첫 방송부터 시청률 돌풍(최고 10.7%) • **성공 요인 분석**: – 판타지 + 로맨스 + 미스터리 결합

위 콘텐츠는

- 참신한 소재 / 사회문제 접근

- 캐릭터 중심 구성 + 감정선 강조

- 장르 혼합(판타지 + 로맨스 + 법정 + 휴먼 등)

- OTT + TV 방송 동시 방영 전략 / 글로벌 유통 확보

- 화제성 지속을 위한 반전

- 배우·연출·제작의 고퀄리티

등에서 성공 요인을 찾아볼 수 있다.

성공하는 영상 스토리텔링의 실전

관객의 마음을 사로잡는 7가지 성공비결:
'비전VISION + 알파^α'

영상 제작의 성공비법을 나열하자면 끝이 없다. 그리고 성공 전략의 대부분은 결과론적 분석이기에 사실 어떤 요소가 결정적 성공의 비법인지도 명확하지 않은 경우가 많다. 이러한 불확실성에도 불구하고 우리는 이미 알고 있다. 성공을 위한 단계별 전략은 분명히 존재한다는 것을! 한 단계 한 단계 심사숙고하며 최선의 선택을 한다면 분명 그 끝에는 우리가 원하는 성공이 기다리고 있다.

반면, 설계부터 콘셉트와 로그 라인이 명확하지 않다면, 촬영과 편집 등 후반부로 갈수록 우리는 하나씩 포기하며 수습하는 과정을 밟게 될 것이다. 이처럼 명확한 전략 수립으로 파워를 획득하는 길과 반대로 불명확한 콘셉트로 타협하고 수습하는 길은 끝을 향할수록 엄청난 간극을 드러내게 될 것이다. 그리고 필자는 그 끝을 결정지을 '흥행의 무기'를 '비전VISION+알파'로 정의하고 설명할 것이다.

+

성공하는 영상 제작의 무기, '비전 그리고 알파'

'비전VISION'은 영상 제작의 성공으로 가는 가장 빠르고 확실한 길이다. 먼저 콘텐츠의 비전과 방향을 세우는 View, 첫 시작의 인상적인 구성으로 승부를 거는 Initiative step, 관객을 쥐고 흔들 강력한 Story, 보이는 콘텐츠에서 기억되는 콘텐츠를 보장하는 Image, 다양한 플랫폼에 최적화된 전략을 찾는 Optimize, 수많은 콘텐츠 가운데 단연 눈에 띄는 전략을 제시하는 Novelty 그리고 마지막으로 이 모든 것에 날개를 달아줄 알파α까지!

비전을 장착하고 알파를 잘 활용하면 이 책을 읽고 있는 영상 초보자도 머지않은 시간에 전문가로, 감독으로 우뚝 설 수 있을 것이다.

V	의미	View: 비전, 방향
	전략1	– 나만의 비전을 담은 방향을 세워라
	세부 내용	– 영상 제작의 방향성을 정립하는 기획 단계 – 트렌드보다 '나만의 시선'을 세워야 한다
I	의미	Initiative step: 선도적 시작 단계 "첫 8초로 승부를 걸어라"
	전략1	– 초반의 몰입으로 인상을 남겨라 – insight: 시장을 보는 기획자의 시선을 확보하라 – immersion: 몰입이 곧 흥행이다, 감정의 깊이를 설계하라
	세부 내용	– 초반 시각적 흡입력을 만드는 스토리 구성과 촬영 / 편집 등 실무 전략 첫 3초가 흥행을 결정한다
S	의미	Story: 스토리, 원작으로 화제성을 잡아라
	전략1	– 내러티브를 구축하며 사건 + 캐릭터 + 장르를 아울러라
	세부 내용	– 관객의 감정을 움직이는 스토리 구조 설계법, 스토리텔링이 곧 흥행의 언어다
I	의미	Image: 이미지로 말하다
	전략1	– 보이는 콘텐츠에서 '기억되는 콘텐츠'로 전환되는 흥행의 방정식 – 영상언어로 이미지 흡입력을 높이는 감각적 연출!
	세부 내용	– 영상언어와 색채, 프레이밍의 미학 – 말보다 강한 영상 문법을 다룬다: 사운드, 리듬, 감정의 리얼리티를 만드는 감각적인 연출 노하우 – 'IMAGE'는 시각적 요소의 조합이 아니라, 관객의 감정 여정을 설계하는 시스템이다
O	의미	Optimize(Omni-View): 플랫폼에 최적화된 솔루션
	전략1	– 숏폼 OTT 극장 등 멀티플랫폼 시대의 최적화된 / 통합적 영상전략
	세부 내용	– 플랫폼·길이·타깃별 영상 구성 최적화, 알고리즘 친화적 콘텐츠 전략, 사건과 캐릭터, 그리고 장르의 조화

N	의미	Novelty, New: 낯설고 또 새롭게
	전략1	- 새로움으로 차별화하라! - 흥행을 부르는 낯설게 하기 전략
	세부 내용	- 관습을 깨는 창의적 시도, 실험적 포맷과 신선한 감각으로 차별화하는 법

[V_] View:
나의 콘텐츠를 중심으로 큰 그림을 그려라!

영상 콘텐츠의 경쟁 상대는 단순히 경쟁 채널이나 콘텐츠를 넘어, 시청자의 '일상 경험' 전체로 넓어지고 있다. 따라서 영상 콘텐츠는 시청자가 당연히 볼 수밖에 없는 것이 아닌, 스포츠 활동이나 독서, 명상, 여행 등 시청자의 일상을 채우는 수많은 선택지 가운데 높은 경쟁률을 뚫고 선택받아야 하는 처지에 놓여 있다. 영화는 물론 드라마, 예능, 팩추얼 다큐까지 모든 영상 콘텐츠는 이제 특정 채널 편성에 맞춰 제작되는 기존 레거시 미디어의 '프로그램'이 아니라, 급변하는 시장에서 브랜드 가치를 지닌 '상품'으로 기획·제작·포장되어 소비자를 설득해야 하는 대상으로 여겨진다. 이러한 이유로 '영상 콘텐츠의 성공 전략'을 기존 경영학에서 사용되고 있는 '비즈니스 모델 캔버스'의 개념을 응용, 도출하는 것이 가능할 것이다. 필자는 이를 '영상창작 매칭 캔버스[Video]

Matching Canvas'로 명명하고 그 구성요소를 살펴보도록 하겠다.

영상 제작의 성공 여부를 가르는 요인은 '무엇을, 누구에게, 어떻게 전달할 것인가'라는 고전적 질문에 얼마나 충실히 답했는가에 달려 있다. 이것은 곧 What(메시지)과 Who(타깃), 그리고 How(형식)로 표현할 수 있을 것이다. 이 중 How는 흔히 창의성과 차별화 포인트에서 가장 중요한 것으로 받아들여진다. 이 세 가지의 조화는 영상의 운명을 좌우하는 삼각 구도와 같다. 주 타깃과 그들이 머무는 플랫폼은 물론, 그들의 관심사, 선호도, 문제점을 정확히 파악해 적확한 주제와 비주얼 전략 등을 도출해 내야 성공 확률을 높일 수 있다. 영상 콘텐츠의 '핵심 메시지 – 타깃 – 표현 형식' 간의 정확한 정렬Matching을 통해 전달 효과를 극대화한다.

먼저 What – 메시지Message는 영상이 전달하고자 하는 핵심 가치이자 목적이다. 영상의 모든 요소, 즉 촬영, 편집, 음악, 자막 등은 결국 메시지를 전달하기 위해 존재한다. 그러나 메시지가 모호하거나 다층적으로 분산될 경우, 시청자는 집중하지 못하고 이탈하게 된다. 따라서 제작자는 기획 단계에서 '이 영상은 시청자에게 무엇을 남길 것인가?'라는 질문을 끊임없이 던져야 한다. 메시지는 단순할수록 좋으며, 하나의 문장으로 요약될 수 있어야 한다. 예를 들어 환경 캠페인 영상의 메시지가 '작은 행동이 큰 변화를 만

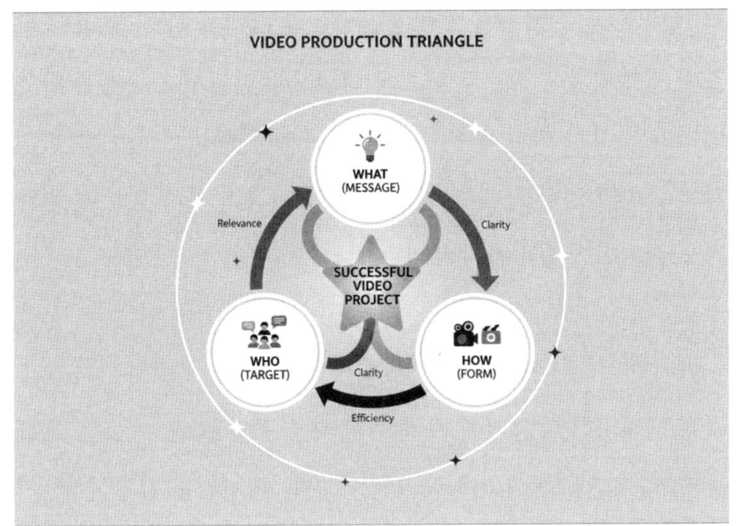

영상창작 매칭 캔버스

든다'라면, 모든 장면과 대사, 음악은 이 문장을 강화하는 방향으로 배열되어야 한다.

다음으로 **Who-타깃**^Target**은 메시지를 수용할 수 있는 특정한 집단**을 의미한다. 유튜브와 같은 플랫폼은 시청자의 성별, 연령, 지역, 관심사를 기반으로 정교한 알고리즘 추천을 수행한다. 이 때문에 영상을 누구에게 보여줄 것인지 명확히 설정하는 것은 그어느 때보다 중요해졌다. 같은 교육 영상이라도 중학생을 대상으로 하는 경우와 직장인을 대상으로 하는 경우는 서술 방식, 예시, 시각 자료의 수준에서 큰 차이가 발생한다. 시청자가 어떤 상황과 맥락 속에서 영상을 소비하는지도 고려해야 한다. 모바일 환경에서 짧게 소비하는 콘텐츠와 대형 스크린에서 감상하는 다큐멘터리는 시청 태도와 몰입 방식이 다르다. 이러한 차이를 반영하지 못하면 영상은 메시지를 효과적으로 전달하지 못하고, 결과적으로 기대한 성과에 이르지 못한다.

마지막으로 **How-형식**^{Form}**은 메시지와 타깃을 연결하는 다리**다. 같은 메시지라도 형식에 따라 전혀 다른 효과를 낼 수 있다. 예를 들어 '새로운 제품의 기능을 알린다'라는 메시지를 전달할 때, 기업은 세련된 모션 그래픽 영상을 선택할 수도 있고, 혹은 1인 크리에이터를 내세워 브이로그 형식을 택할 수 있다. 이처럼 형식은 타깃의 선호와 시청 맥락에 맞추어 결정되어야 한다.

최근 연구에 따르면, 기업 채널은 음악 중심의 콘텐츠에서 강세를 보이며, 개인 채널은 오락적이고 생활 밀착적인 장르에서 인기를 얻는 경향을 보인다고 한다. 이처럼 '콘텐츠 형식'은 단순한 선택의 문제라기보다는 타깃 도달률과 만족도를 높이기 위한 중요한 전략적 선택인 것이다.

- **브이로그 형식**: 친근감과 신뢰감, 개인적 설득력
- **모션 그래픽 형식**: 복잡한 정보를 빠르고 명확하게 전달
- **드라마 형식**: 감정적 몰입 극대화

이처럼 실무에서는 메시지를 먼저 확정한 뒤, 타깃 분석을 거쳐 형식을 최종 결정하는 것이 안정적이다. 또한 이를 영상 콘텐츠의 기획부터 유통까지 전 과정으로 확장해 보면 아래와 같이 정리할 수 있을 것이다.

영역	설명
타깃 Target	이 영상이 도달하고자 하는 핵심 시청자층은 누구인가? (예: 10대 Z세대, 직장인, 다큐멘터리 애호가 등)
메시지 Message	전달하고자 하는 중심 가치나 주제는 무엇인가? (예: 환경 보호, 정체성 탐색, 혁신 기술 등)
형식 Form / Format	어떤 형식으로 표현할 것인가? (광고, 다큐, 영화, 숏폼, 뮤직비디오 등)
콘셉트 Concept	메시지를 효과적으로 전달하기 위한 상징적 아이디어나 은유는 무엇인가?
톤&매너 Tone & Manner	감정적 분위기나 말투는 어떤가? (감동적, 유머러스, 사실적 등)
채널 Channel	시청자가 영상을 만나는 플랫폼은 어디인가? (YouTube, TikTok, OTT, TV 방송 등)
성과지표 KPI	성공을 어떻게 측정할 것인가? (조회수, 시청 지속률, 공유율, 공감도 등)
자원 / 제작요소 Resources	제작에 필요한 예산, 인력, 기술은 무엇인가?
파트너십 Partnership	공동제작자, 협찬사, 플랫폼 등 외부 협력 요소는 무엇인가?

K-콘텐츠 성공사례 분석: 〈폭군의 셰프〉, 〈케데헌〉

대표적인 콘텐츠 플랫폼인 '넷플릭스'와 '티빙-tvN'의 사례를 살펴보자. 이들 플랫폼은 오랜 기간 소비자 데이터를 축적해 왔으며, 이를 바탕으로 고객의 시청 패턴과 콘텐츠 제작 방향 등 제작에 필요한 정보를 분석해 왔다. 특히 시청 타깃을 파악하고 그들의 일상을 통해 취향을 공략한다. 최근 글로벌 팬을 사로잡고 있는 K-POP, 드라마, 영화, 웹툰, 게임 등 대표적인 K-콘텐츠들은 한국 특유의 감성과 독창성을 바탕으로 관객들의 취향을 만족시키고 있다.

대표적인 사례로는 티빙의 〈폭군의 셰프〉와 넷플릭스의 〈케이팝 데몬 헌터스(이하 '케데헌')〉가 있다. 특히 전 세계 이용자의 콘텐츠 소비 데이터를 활용해 타깃·메시지·형식적 요소를 과학적으로 분석·기획하는 것으로 유명한 넷플릭스의 2025년 대표 글로벌 히트작 〈케데헌〉의 성공은 시사하는 바가 크다. 2025년 9월 14일 기준, 공개 12주 차를 맞은 〈케데헌〉은 누적 시청수 3억 1,420만 뷰를 기록하며 넷플릭스의 기존 기록을 경신했다. 이번 기록은 종전 1위였던 〈오징어 게임〉 시즌 1(2억 6,520만 뷰)을 넘어선 것이다. 미국《타임》지는 〈케데헌〉의 성공 요인으로 주인공의 열등감 극복과 정체성 회복 과정을 다룬 '성장 서사'를 꼽으며, 10대는 물론 성인 시청자층을 비롯한 패밀리 콘텐츠로 공감을 불러일으킨 점을 주목했다.

지금부터는 '메시지-타깃-형식'의 3가지로 분석하는 '매칭 캔버스 방식'에 대표적인 K-콘텐츠를 대입해 그 성공 요인을 분석해 보자.

+

'메시지-타깃-형식' 간의 황금비율을 찾는 '영상창작의 성공 매칭 사례'

case 1. 티빙의 〈폭군의 셰프〉 매칭 캔버스

- **메시지**: 현대에서 조선 시대로 타임 슬립한 K-푸드 셰프와 '폭군' 군주의 사랑 이야기

- **공감대**: 폭군의 상징인 연산군에게 새로운 기회를 제공, 최근의 정치적 사건을 떠올리게 하는 방식으로 민주주의를 우회적으로 다루며 공감대

확산

- **타깃**: 세대를 막론하고 누구나 즐길 수 있는 콘텐츠에 집중
- **출연자**: 윤아(K-POP 아이돌의 시조 격인 소녀시대)
- **형식 및 장르**: 로맨스+서스펜스+액션+타임 슬립
- **포인트**: 매력적인 캐릭터가 서사를 끌어가는 구조

case 2. 넷플릭스 〈케이팝 데몬 헌터스〉 매칭 캔버스

- **메시지**: 전 세계 팬들에게 사랑받는 K-POP 걸그룹, 그들의 숨겨진 진짜 임무는 악령과 요괴로부터 인류를 지키는 것, 목숨을 건 사투로 팬들과 세상을 지켜낼 수 있을까?
- **공감대**: K-POP 아이돌이 악령·요괴·데몬을 사냥하는 세계관, K-POP 음악과 문화적 배경
- **타깃**: 10대 여성과 K-POP 및 애니메이션 팬층, 성인 관객과 가족 시청층으로 확대
- **출연자**: K-POP 걸그룹 헌트릭스와 사자 보이즈
- **형식 및 장르**: 호러 + 액션 + 코미디
- **포인트**: 화려한 퍼포먼스, 팀워크, 연예 산업의 빛과 그림자, '스타'라는 가면 뒤의 전투

이처럼 초반 기획의 중요성은 두말할 필요 없이 매우 중요하다. 설계가 잘 된 콘텐츠와 설계가 잘못된 콘텐츠는 비록 처음에

는 같은 자리에서 출발하지만, 촬영 → 편집 → 브랜딩 → 송출의 단계로 갈수록 그 격차는 커지기 마련이다. 마치 게임을 할 때 초반 성적이 좋으면 아이템을 많이 획득해 점점 강력해지는 반면, 초반부터 부진하고 전략이 약하면 결국 패배하는 상황으로 이어지는 것에 비유할 수 있을 것이다. 즉, 메시지를 단순하고 선명하게 설정하고, 타깃 시청자의 구체적인 맥락을 이해하며, 그에 맞는 형식을 전략적으로 선택하는 것이 중요하다. 여기에 후크와 가치, 보상, 반전의 구조적 장치를 더한다면, 영상은 단순한 시청 경험을 넘어 시청자에게 강력한 인상을 남기게 된다. 이는 곧 알고리즘의 추천 가능성을 높이고, 더 많은 시청자에게 도달하는 결과로 이어질 것이다.

> **✓ 매칭 체크리스트**
>
> ☐ 내 메시지는 한 문장으로 요약 가능한가?
>
> ☐ 내 타깃은 어떤 상황에서 영상을 시청할까?(모바일, PC, TV)
>
> ☐ 형식이 메시지와 타깃을 효과적으로 연결하고 있는가?
>
> ☐ 불필요한 장르는 배제했는가?
>
> ☐ 실제 타깃에게 시안 영상을 보여주고 피드백을 받았는가?

[VI_] Initiative step:
초반 매력으로 승부하라!

좋은 스토리, 강력한 오프닝 전략이 핵심!

수많은 플랫폼의 경쟁 시대, 이제 아무도 정해진 장소, 정해진 시간에 우리의 콘텐츠를 볼 준비를 하고 기다려주지 않는다. 영상 콘텐츠 간의 치열한 경쟁은 물론, 온·오프라인의 온갖 이벤트와 경험들 가운데 우리가 만든 콘텐츠를 강렬하게 각인시켜야 한다. 이를 위해 아무리 강조해도 지나치지 않는 것이 바로 '초반부의 힘'이다. 반전이나 흥미로운 장면, 질문, 문제 제시 등으로 시청자의 호기심을 자극하고, 이어지는 스토리텔링으로 몰입을 유도해야 한다.

좋은 스토리는 사람의 마음을 움직인다. 그것은 나이, 성별, 문화의 경계를 초월한다. 그 이유는 단순하다. 좋은 스토리는 오래 기억되고 감동을 주며, 각 개인의 내면에 직접 작용하기 때문이다. 옥스퍼드 사전은 스토리story를 이렇게 정의한다.

> "재미를 목적으로 상상해 내거나 실제 인물과 사건에 대해 말하는 것, 누군가의 인생에서 일어난 일이나 어떤 사건의 전개 과정을 설명하는 것."

즉, 스토리는 단순한 문장의 나열이 아니라 인간이 세상을 이해하고 감정을 나누는 방식이다. 사람은 이야기로 세상을 보고, 기억하며, 다시 살아간다. 옛날이야기든 현재의 이야기든, 사실에 기반했든 상상으로 빚었든, 좋은 스토리는 언제나 사람의 마음을 끌어당긴다.

> "이번 주말에 내가 무슨 일을 겪었는지 알아? 아마 믿지 못할 거야, 무슨 일이 있었냐면…"
> "신부님이랑 랍비, 그리고 오리가 술집에 들어갔는데, 그때…"

사람들 간의 연결은 말 한마디면 충분하다. 상대는 당신의 말에 이미 귀를 기울이고 다음 이야기를 기다리고 있을 것이다.

스토리가 기억을 지배하는 이유

그렇다면 스토리는 왜 그토록 강력할까? 이는 단순한 감성의 문제가 아니라 인지의 작동 방식 때문이다.

하버드대 인지심리학자 제롬 브루너Jerome Bruner는 "사람은 스토리를 통해 정보를 접할 때 22배 더 잘 기억한다"라고 말했다. 단순한 데이터는 기억에서 쉽게 사라지지만, 스토리는 감정적 연결을 통해 정보를 '의미화'한다는 것이다. 하지만 스토리 없이 통계나 수치를 인지해야 한다면 어떨까? 10분 뒤 우리는 그 정보의 5%밖에 기억하지 못할 것이다.

어린 시절, 선생님이 수업 시간에 늘어놓는 숫자와 이름, 정보는 지금 우리 머릿속에 남아 있지 않다. 그 정보에는 스토리가 없었기 때문이다. 『정글북』의 저자 러디어드 키플링Rudyard Kipling도 "역사를 이야기로 가르치면, 결코 잊히지 않는다"라고 주장했다. 비슷한 맥락에서 이야기의 힘을 강조한 것이다.

✛

'관심'이 귀한 시대, 당신에게 주어진 시간은 짧다

사람들의 집중력은 얼마나 될까? 마이크로소프트 캐나다 연구진은 사람의 평균 집중 시간이 8초에 불과하다고 밝혔다. 그것은 집중력이 짧기로 유명한 금붕어보다도 1초나 더 짧은 시간이다. 『도둑맞은 집중력Stolen Focus』의 저자 요한 하리Johann Hari 역시 집중력 저하가 현대 사회 시스템이 만들어 낸 '유행병'과 같다고 지적한다. 저자에 따르면 기업은 팝업창과 광고 이미지, 푸시 알림 등을 통해 의도적으로 끊임없이 우리의 집중력을 방해하여 자신들의 비즈니스에 관심을 끌도록 만든다고 주장한다. "이게 네가 어제 쇼핑몰에서 봤던 그 제품이야, 또 보고 싶지 않아?"라는 식으로 인간은 수많은 유혹의 환경에 놓여 있는 것이다. 따라서 우리가 누군가의 관심을 얻고 '이건 가치 있다'라는 확신을 주기까지 주어진 시간은 단 몇 초에 불과할 수도 있다. 투자자 앞에서 사업 설명을 하고, 영상 콘텐츠를 제작할 때 이 짧은 순간에 주의를 사로잡지 못한다면 이미 게임은 끝난 것이다.

✝

후크: 첫 8초를 지배하라!

그렇다면 어떻게 8초 안에 사람들의 마음을 사로잡을 수 있을까? 그 답은 바로 강력한 후크Hook에 있다. 후크는 단순히 이야기를 시작하는 장치가 아니라, 사람의 감성과 이성의 문을 동시에 여는 열쇠다. 오늘날 우리는 그 어느 때보다 바쁘고 시간에 쫓기며, 휴대폰 속 세상에 파묻혀 산다. 사람들은 콘텐츠를 클릭하고, 웹사이트를 방문하며, 제품을 구매하기 전에 먼저 '이 이야기는 들어볼 가치가 있는가'를 판단한다. 이들에게 첫인상을 남길 기회는 단 한 번뿐이다. 따라서 **좋은 후크를 만들기 위해서는 얼마나 많이 말하느냐가 아니라 '얼마나 명료하게 말하느냐'에 달려 있다.**

알베르트 아인슈타인Albert Einstein은 이렇게 말했다.

"단순하게 설명하지 못한다면, 그 내용을 충분히 이해하지 못한 것이다."

세계적인 기업인 아리아나 허핑턴Arianna Huffington도 『제3의 성공Thrive』의 첫 문장을 이렇게 시작했다.

"2007년 4월 6일, 나는 피를 흥건히 흘린 채 사무실 바닥에 쓰러져 있었다."

이 한 문장만으로 독자는 이미 이야기의 중심으로 끌려들어 간다. 영화 속의 명문장들도 훌륭한 후크의 좋은 예다.

"집 밖을 나서는 건 위험한 일이야, 프로도. 길을 걷다가 발을 헛디디면, 네가 어디로 휩쓸려 갈지 아무도 모르지."

— 〈반지의 제왕The Lord Of The Rings: The Fellowship Of The Ring〉

"내가 바로 네 아버지다."

— 〈스타워즈 에피소드 5: 제국의 역습Star Wars Episode V: The Empire Strikes Back〉

"파이트 클럽의 첫 번째 규칙은, 파이트 클럽에 대해 말하지 않는다는 것이다."

— 〈파이트 클럽Fight Club〉

이처럼 후크는 짧지만, 선명하다. 한 문장으로 인물의 욕망, 상황, 갈등을 압축한다. 그러면 관객은 더 듣고 싶어진다. 더 나아가 시각적으로도 강력한 하나의 장면으로 표현될 수 있다면 더할 나위 없이 좋은 후킹이다. 최근 연구들은 영상 초반의 몰입도가 전체 시청 시간을 결정한다는 사실을 증명함으로써 후킹 전략이 실제 성과 지표와 직접 연결된다는 점을 강조한다.

✛

영상 스토리텔링 전략

① 기승(전)결의 스토리 구조: 모든 스토리는 시작-중간-끝이 있다

좋은 작품은 언제나 '이야기'라는 소재를 좋은 구조로 빚어낸 것이다. 즉, 좋은 서사는 언제나 구조를 가진다. 이러한 구조를 일반적으로 '플롯plot'이라고 한다. 16부작 시리즈물이든, 2시간짜리 영화든, 1시간 분량의 다큐 혹은 30초, 15초의 광고든, 그 길이를 막론하고 모든 이야기는 기-승-(전)-결, 즉 시작, 전개, 절정 / 결말의 3막 구조를 지닌다. 이는 고대 철학자 아리스토텔레스가 저서 『시학Poetics』에서 플롯이 완결성을 갖추기 위해서는 반드시 시작·중간·끝의 3요소가 필요하다고 주장한 '3막 구조'에서 기원한 것으로, 현재는 소설은 물론 연극과 영화의 서사를 설명하는 대표적인 이론으로 적용되고 있다.

특히 이를 본격적으로 구조화한 것은 독일의 극작가이자 비평가인 구스타프 프라이타크Gustav Freytag가 내세운 '드라마 구조 이론'이 있다.

흔히 '프라이타크의 피라미드Freytag's Pyramid'라 불리는 이 분석틀은 주로 고전 드라마와 비극을 분석하기 위해 사용되었으며, 발단-전개(상승)-위기(상승)-절정-결말로 이어지는 전형적인 극적 구조를 잘 보여주며 3막 구조로 연결된다.

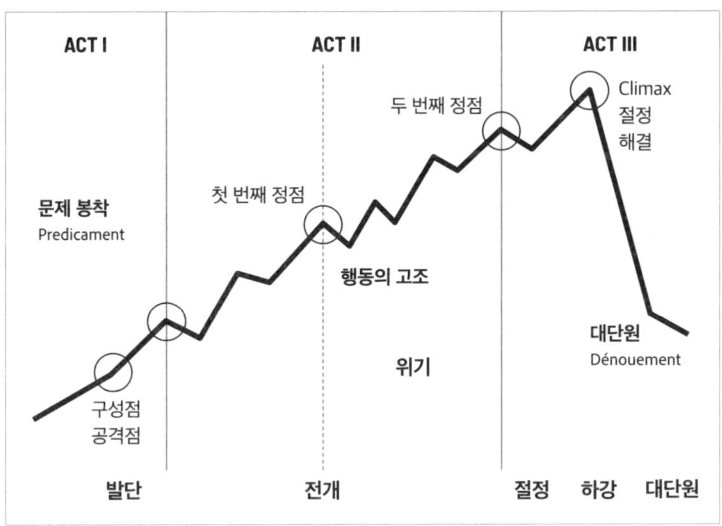

구스타프 프라이타크의 드라마 구조 피라미드

프라이타크의 드라마 구조 이론	특징 및 역할	3막 구조에 적용
발단 Exposition	배경, 인물 소개, 그리고 구성점 / 공격점[Inciting / Incident]을 통해 갈등의 씨앗이 뿌려짐	ACT I (1막)
전개 Rising Action	주인공이 목표를 향해 행동하며 갈등이 심화됨 첫 번째 정점[Peak]을 맞이하며 긴장이 고조됨	ACT II (2막)
	긴장이 계속 상승하는 단계로 행동의 고조[Complication]와 두 번째 정점을 통해 상황이 더욱 복잡하고 어려워짐	
절정 Climax	이야기의 최고조로, 주인공과 적대자 간의 최종 대결이나 결정적인 사건이 발생함	ACT III (3막)
하강 Falling Action	절정 이후 갈등이 해소되고 긴장이 완화됨	
대단원 / 결말 Dénouement	대단원을 통해 모든 의문이 풀리고 이야기가 마무리 됨	

이를 영웅 서사의 기본 플롯을 충실히 적용하고 있는 봉준호 감독의 영화 〈괴물〉을 통해 분석해 보자.

▶ **발단: 1막**

- 많이 부족한 주인공 강두의 평범한 일상: 배경과 인물 소개

- 그의 삶을 뒤흔드는 사건 발생, 평화로운 한강변에 괴물 등장: 구성점

- 괴물이 딸 현서를 데리고 사라짐, 이후 죽은 줄만 알았던 현서로부터의 연락: 공격점

- 주인공에게 성취하기 힘든 목표 부여, 장애물 세팅: 갈등의 씨앗

— 기起, 처음

▶ **전개와 위기: 2막**

- 강두 가족에게 목표의식 강화, 괴물과의 사투 시작: 전개

- 괴물에 의한 아버지의 죽음과 강두의 부상: 위기

- 위기를 극복하고 괴물과 마지막 사투를 준비하는 남은 자식들

— 승承, 중간

▶ **절정과 결말: 3막**

- 강두 가족과 괴물 간의 대접전: 절정

- 사투 끝에 결국 가족의 승리로 현서 구출, 현서의 죽음: 절정과 하강

- 다시 일상으로 돌아가는 가족들: 대단위 / 결말

— 전결轉結, 끝

② 오프닝 전략: 훅-가치-보상-반전

오늘날 영상 제작에서 가장 핵심적인 문제는 수많은 영상이 동시에 업로드되는 플랫폼 환경 속에서 어떻게 하면 시청자의 시선을 단 몇 초 만에 사로잡을 수 있느냐에 있다. 우리에게 허락된 시청자의 시간은 극도로 짧기 때문이다. 유튜브, 틱톡, 인스타그램의 숏폼 플랫폼에서는 단 3초 만에 승부를 봐야 한다. 이것은 장편에서도 마찬가지다. 초반에 매력적인 스토리와 호기심을 자극하는 장치로 시청자의 시선을 붙잡아야 한다. 이 단계가 흔히 말하는 '후크'이다. '후크'는 말 그대로 갈고리로 낚아채는 것처럼 시청자의 관심을 확 잡아채는 것을 말한다.

특히 유튜브, 틱톡, 인스타그램과 같은 디지털 플랫폼은 시청자가 손가락 하나로 무수한 콘텐츠를 넘겨볼 수 있는 구조를 가지고 있다. 이 때문에 첫 몇 초의 인상은 영상의 흥망을 좌우한다. 실제 연구에 따르면 대부분 시청자는 영상이 시작되고 3초에서 10초 사이에 지속 여부를 결정한다고 한다. 따라서 '후크'라고 불리는 초반부의 장치는 단순히 흥미를 끄는 요소를 넘어, 시청자의 시간을 확보하고 끝까지 시청하게 만드는 열쇠가 된다.

효과적인 후크를 설계하기 위해서는 단순히 자극적인 장면이나 과장된 발언을 넣는 것만으로는 충분하지 않다. 후크는 영상 전체의 주제와 긴밀하게 연결되어야 하며, 시청자가 앞으로 경험하게 될 정보·정서적 가치를 암시해야 한다. 예를 들어 교육 영상이라면 문제 상황을 극적으로 제시한 뒤 "이 영상을 끝까지 보면 당신은 이 문제를 해결할 수 있다"라는 기대를 심어주는 방식이 효과적이다. 엔터테인먼트 영상이라면 예상치 못한 반전을 초반부에 살짝 드러내어 시청자가 '도대체 무슨 일이 벌어지는 걸까?'라는 호기심을 품도록 만드는 전략이 적절하다.

실무 TIP 1

후크를 만드는 방법: "시청 이유를 제시하라"

후크는 단순히 화려하거나 과장된 요소를 넣는 것만이 아니라, 영상 전체 메시지를 암시하면서 궁금증을 남기는 장치여야 한다.

- **자극적 질문 제시**: "당신의 스마트폰이 몰래 당신을 감시한다면 어떨까요?"
- **충격적 장면**: 고가의 스마트폰을 물에 빠뜨리는 장면으로 시작
- **예상 밖의 행동**: 교육 영상에서 강사가 갑자기 실험 도구를 깨뜨리는 연출

실무 TIP 2

핵심 가치 전달: "왜 봐야 하는지를 설명하라"

시청자가 영상을 30초 이상 시청하려면, 이 영상이 왜 가치 있는지가 명확히 드러나야 한다. 시청자는 영상 길이에 관계없이

빠른 시간에 자신이 얻을 수 있는 이익을 확인하고자 한다. 따라서 영상 제작자는 30초가 지나기 전에 시청자에게 '이 영상은 계속 볼 만한 가치가 있다'라는 확신을 주어야 한다. 이는 정보의 제공일 수도 있고, 감정적 공감일 수도 있으며, 단순한 즐거움일 수도 있다. 중요한 것은 시청자가 지불하는 '시간'에 대한 보상을 제공하는 것이다. 예를 들어, '영어 단어 암기법' 영상이라면 30초 안에 "이 방법으로 일주일에 300개의 단어를 외울 수 있다"라는 메시지가 제시되어야 한다. 실무에서는 '인트로 – 가치 제시 – 첫 번째 사례'의 3단계 구조가 효과적이다.

실무 TIP 3

후반부 보상과 반전: "감정, 웃음, 정보로 만족을 제공하라"

마지막으로, 영상의 중후반부에는 예상치 못한 보상이나 반전을 배치하는 것이 효과적이다. 이는 이야기의 긴장감을 유지하고 시청자가 끝까지 머물도록 이끄는 역할을 한다. 특히 유튜브 알고리즘이 시청 지속 시간을 주요 지표로 삼고 있다는 점을 고려하면, 후반부의 반전은 단순한 연출 기법이 아니라 성과 지표를 높이는 전략적 장치로 기능한다.

즉, 시청자의 시청 지속 시간을 늘리려면 영상 중후반에 예상치 못한 보상을 배치해야 한다. 그 유형은 콘텐츠의 종류에 따라 다양하게 구사할 수 있다.

- **정보형 영상**: 후반부에만 알려주는 비밀 팁 공개

- **스토리형 영상**: 주인공의 의외의 결말

- **광고 영상**: 처음엔 단순한 이야기처럼 보이다가 마지막에 브랜드 메시지로 반전

특히 유튜브처럼 경쟁이 치열한 플랫폼의 경우 이러한 전략을 잘 구사하지 않으면 실패하는 경우가 많다, 예를 들어 영상 초반에 모든 정보를 다 드러내고, 후반부는 의미 없는 영상으로 채우면 시청자는 금세 이탈한다. 유튜브 알고리즘은 평균 시청 지속 시간과 이탈 구간을 민감하게 감지하기 때문에 후반부의 완성도는 반드시 신경 써야 한다.

이처럼 후크-가치-보상-반전으로 이어지는 구조는 단순히 이야기 전개의 기술적 기법을 넘어, 시청자 경험을 최적화하고 플랫폼 환경에 맞는 성과를 만들어내는 체계적 방법론이다.

[VIS_] Story:

마음을 흔드는 강력한 이야기는 '발견'이 아닌 '창조'

+

매력적인 이야기를 빚어내는 손맛 좋은 셰프들의 비법!

왜 어떤 이야기는 우리의 마음을 깊이 사로잡는 반면, 어떤 이야기는 금세 잊힐까?

그 차이는 과연 무엇인가? 사람들의 마음을 사로잡는 이야기는 어디에서도 들어보지 못한 희귀한 것일까? 물론 스토리 그 자체가 독특하다면 좋겠지만, 아쉽게도 매번 희귀한 이야기를 발견하기란 쉽지 않다. 따라서 우리는 신대륙을 발견한 콜럼버스가 아니라 우리가 가진 우리 주변의 일상적인 소재를 잘 다듬고 근사하게 조리해 내는 '손맛 좋은 셰프'가 되어야 한다.

마음을 흔드는 이야기는 바로 우리 자신의 이야기로 느껴질 때 더욱 힘을 발휘한다. 우리가 찾는 스토리 역시 단순한 정보 전달을 넘어, 감정을 매개로 관객과 깊이 공감하는 예술에 가깝다. 손맛 좋은 이야기꾼 셰프들은 그 어떤 일상의 이야기라도 흥미로운 캐릭터, 명확한 플롯, 그리고 진심이 담긴 감정의 흐름을 잡아내 강력한 이야기로 조리해 낸다. 이들을 어떻게 설계하고 엮어내느냐에 따라 이야기는 단순한 '설명'이 아닌 관객이 '함께 경험하는 서사'로 변신한다. 지금 이 순간에도 수많은 창작자는 우리가 이미 알고 있는 평범한 인생의 희노애락을 재료로 그들만의 다양한 레시피를 통해 매력적인 캐릭터와 흥미로운 이야기를 창조해 내고 있다.

+

셰프의 스토리 창작 비법 ①
캐릭터와 사건의 '상호 보완적 작용'을 활용하라!

"성격이 팔자를 좌우한다"라는 말처럼 캐릭터와 사건은 뗄레야 뗄 수 없는 관계로 매력적인 스토리를 만들어내는 핵심 요소이다. '이야기'라는 자동차가 언덕을 오를 수 있는 이유는 바로 사건이라는 엔진과 캐릭터라는 바퀴가 함께 움직이기 때문이다.

사건은 캐릭터를 움직이고, 캐릭터는 사건을 이끌며 그 결과, 이야기는 생명을 얻는다. 캐릭터가 없으면 사건은 의미를 잃고, 사건이 없으면 캐릭터는 정지된 조각상에 불과하다. 이처럼 캐릭

터의 동기와 사건은 서로를 보완하며, 한 인물의 변화가 다른 사
건의 전개로 이어지고, 이는 다시 캐릭터의 변화를 가속화하는
순환 구조를 만들어내는 것이다(즉, 캐릭터와 사건은 서사 구조에서
서로 영향을 주고받으며, 한 인물의 행동과 사건이 다른 인물의 동기와 전
개에 중요한 역할을 한다).

✔ 캐릭터는 사건의 원인이다: Character Drives Plot

겉으로 보기엔 사건이 이야기를 이끄는 것처럼 보이지만 실은,
그 사건을 움직이는 동력은 '캐릭터'에 있다. 각 인물의 성향, 결
핍, 그리고 내재된 욕망이 언제나 사건을 만들어낸다. 즉, 사건은
외부에서 주어지는 것이 아니라 인물의 내면에서 '자라나는 것'
이다. 인물의 캐릭터는 사건을 촉발시키고 사건을 변화시키는 원
동력이다.

영화 〈조커Joker〉에서 주인공 아서 플렉은 처음부터 세상에 맞
서 싸울 '악인'이 아니었다. 그는 단지 인정받고 싶고, 사랑받고
싶었던 평범한 사람이다. 그러나 사회는 그의 외로움을 방치하
고, 고통을 조롱했다. 그의 '불안정한 내면'은 점차 폭발의 임계점
으로 몰린다. 결국 그가 범죄자가 되는 사건은, 그의 내면적 결핍
이 외부로 터져 나온 결과였다. 이처럼 '사건'은 인물의 '성격'에
서 자라고, 외부 세계의 충돌처럼 보이지만, 본질은 언제나 '내면
의 결과'인 경우가 대부분이다. 주인공의 욕망과 선택이 사건을

발생시키며, 캐릭터의 가치관과 결핍이 극적 긴장을 만들어내는 것이다.

- **욕망**Desire: 주인공이 이루고자 하는 목표
- **장애**Obstacle: 그 목표를 막는 외적 혹은 내적 요인
- **결단**Choice: 위기 속에서 캐릭터가 어떤 선택을 하는가에 따른 사건의 전환점

예를 들어, 영화 〈추적자〉의 형사는 사랑하는 가족의 억울한 죽음을 밝히기 위해 불의에 맞서 싸운다. 이때 그의 도덕적 신념은 이후 전개되는 역동적인 사건의 원동력이 된다. 그러나 형사의 캐릭터를 달리 설정한다면 사건 역시 다르게 전개될 것이다. 억울한 일을 당했을 때 그것에 맞서 싸우는 사람들보다는 좌절하거나 피하는 사람도 많기 때문이다. 따라서 캐릭터가 무엇을 원하고, 그 욕망이 어떻게 충돌하는지가 이야기를 전진시킨다. 캐릭터의 선택이 스토리의 방향을 결정하고, 주인공과 조연 간의 상호작용, 대화, 갈등이 플롯을 발전시키는 핵심 요소가 된다.

노련한 이야기꾼 셰프들은 사건을 개연성 없이 억지로 외부에서 끌어오기보다는 캐릭터의 욕망과 내면의 소리에 귀 기울이며 그 욕망을 사건으로 펼쳐낸다.

✔ 사건은 캐릭터를 드러낸다: Plot Reveals Character

반대로 사건은 캐릭터를 시험대에 올리는 과정이다. 인물은 사건, 즉 위기 상황에 부딪힐 때 '진짜 얼굴'을 드러낸다. 이것이 스토리의 본질적 긴장이다. 예를 들어, 영화 〈타이타닉Titanic〉에서 잭은 가난한 화가에 불과하다. 하지만 배가 침몰하는 순간, 그는 한 인간으로서의 품격을 보여준다. 그는 사랑하는 사람을 먼저 구명보트에 태우고, 자신은 차가운 바다로 사라진다. 그는 '희생'이라는 선택을 통해 자신의 인격과 사랑을 완성한다.

이처럼 사건은 캐릭터를 증명하고 완성시킨다. 사건은 단순히 이야기의 흐름이 아니라, 인물의 '본성'을 드러내는 장치이며 인물의 성격과 욕망이 만들어내는 결과물이다. 인간은 사건에 의해 상처받고, 그 상처를 통해 변한다. 그들의 목표, 동기, 심리적 변화를 촉발하며, 이는 다시 이야기의 전개에 직접적인 영향을 준다,

- 위기 상황에서의 반응이 곧 캐릭터의 본질이다
- 사건을 통한 변화는 인물의 성장 서사로 이어진다
- 서스펜스와 갈등은 인물이 가진 내적·외적 대립을 증폭시켜 관객의 감정이입을 이끈다

✔ 캐릭터와 사건이 상호작용할 때 이야기는 생명을 얻는다:
Character Interacts with Plot

인간은 사건에 의해 상처받고, 그 상처를 통해 변한다. 좋은 스토리는 이 변화를 통해 인물의 깊이를 보여준다. 영화 〈겨울왕국 Frozen〉의 엘사는 '다른 사람을 다치게 할까 두려워' 스스로를 고립시킨다. 그의 선택은 세계를 얼음왕국으로 만드는 '사건'을 불러온다. 그러나 그 사건은 다시 엘사를 변화시키는 계기가 된다. 그녀는 두려움을 사랑으로 바꾸며 스스로를 구원하고 성장한다. 이처럼 좋은 이야기는 인물의 선택이 낳은 결과들이 연쇄적으로 이어지며 전개된다.

우연의 반복은 사람들로부터 공감을 얻기 힘들지만, 자신이 선택한 행동으로 새로운 갈등을 맞이하는 인물은 이야기 속에서 '살아 있는 존재'로 변화된다.

[좋은 플롯을 만드는 캐릭터 관계의 예]

제목	주요 캐릭터	캐릭터 간의 관계
〈스타워즈〉 Star Wars	루크 스카이워커, 다스 베이더	아버지와 아들의 대립과 화해의 과정이 이야기의 주제를 이끈다
〈오만과 편견〉 Pride & Prejudice	엘리자베스, 다아시	오해와 편견으로 시작된 관계가 상호 이해를 통해 변화하는 과정이 흥미롭다
〈신과 함께〉	강림, 저승사자들	주인공이 저승사자들과의 관계를 통해 자신의 삶을 되돌아본다

사건의 윤곽을 결정하는 것은 캐릭터의 내면이다. 작가가 이야기를 쓸 때, 먼저 플롯(사건의 구조)을 짜는 경우가 많다. 그러나 진정한 드라마는 사건이 아니라 '인물의 선택'에서 출발해야 한다. 예를 들어, 비극적인 결말을 미리 정해놓은 스토리라도 그 결말이 '인물의 성격상 피할 수 없는 결과'로 이어질 때 비로소 설득력을 가진다.

셰익스피어William Shakespeare의 〈맥베스Macbeth〉에서 맥베스가 왕을 죽이는 사건 역시 '개연성'이 필요하다. 그의 야망과 불안이, 아내의 조종이 만들어낸 필연으로 묘사될 때 명작이 될 수 있다. 만약 그가 '야망 없는 인간'이었다면 그 비극은 결코 일어나지 않았을 것이다. 즉, 사건의 크기는 플롯의 문제이지만, 사건의 의미는 캐릭터와 연결되는 경우가 많다.

[캐릭터와 사건의 상호보완적 관계]

구분	캐릭터 중심형 스토리	사건 중심형 스토리
원인	인물의 욕망과 결핍	외부의 사건과 미션
결과	인물의 성장과 변화	사건 해결 혹은 실패
긴장 구조	내적 갈등 중심	외적 갈등 중심
대표적 사례	〈대장금〉, 〈뿌리 깊은 나무〉	〈러닝맨〉, 〈무한도전〉

✛

셰프의 스토리 창작 비법 ②
입체적이고 틀을 깨는 캐릭터를 설계하라

기존 캐릭터의 틀을 완전히 뒤집어야 관객의 눈길을 잡을 수 있다. 관객은 예상 가능한 캐릭터에 지루함을 느낀다. 상식을 뒤집는 설정이야말로 초반부터 관객의 시선을 사로잡는 가장 강력한 무기다.

✔ 독창성 : 예상을 깨는 반전형 인물

수많은 캐릭터를 경험한 영상 세대에게 필요한 건 독창적인 캐릭터다. 어디서 많이 본 식상한 캐릭터가 아니라 상식을 깨는 설정이 필요하다.

캐릭터를 구상할 때 질문을 던져 보자!

"이 캐릭터와 정반대의 캐릭터는 어떤 성격일까?"

"절대 어울리지 않는 조합은 무엇일까?"

"누구도 예상 못할 설정은?"

SBS 드라마 〈뿌리 깊은 나무〉의 세종대왕을 예로 들어보면, 이 드라마에서 배우 한석규가 묘사하는 세종대왕은 기존의 자상하고 온화한 성군, 어질고 침착한 모습과는 다른, 새로운 면을 강조했다. "육실할놈, 개××들아!" 등과 같은 욕설을 내뱉고 화를 내며, 때론 실수하는 모습으로 인간적인 매력을 더했다. 그 결과 첫 방송 시청률 10.2%, 최고 시청률 24.6%를 기록하며 '욕쟁이 세종'이 화제의 중심이 되었다. 이것은 완벽한 성군보다 고민하는 '인간' 세종에게 더 공감했기 때문이다.

✔ 미션형 : 명확한 목표를 가진 인물

목표 없는 캐릭터는 밋밋한 스토리를 만든다. 시청자는 캐릭터가 '무엇을 원하는지' 명확하게 알면 알수록 '과연 저 인물이 시련을 이겨낼까?'라는 궁금증을 가지고 끝까지 보게 되는 것이다. 이때 미션은 구체적이어야 하며, 시련의 이유가 절실할 때 왜 도전하는지, 어떻게 극복하는지 더욱 몰입하게 된다.

[명확하고 구체적인 미션의 몰입의 힘]

막연하고 약한 미션	구체적이고 강한 미션	궁금증 포인트
살을 빼고 싶다	두 달 후 전 여친 결혼식, 최고의 모습으로 참석하기	과연 변신할까?
회사를 키우고 싶다	파산 직전 아버지의 회사를 6개월 내에 살리기	과연 시간 안에 성공할까?
영어를 배우고 싶다	30일 후 미국 출장, 프레젠테이션 성공하기	과연 성공적인 프레젠테이션이 가능할까?

✔ 각성: 시각적으로 묘사하라!

영상의 진정한 힘은 바로 '보여줄 수 있음'에 있다. 캐릭터의 성격을 말로 풀어내기보다는 색채와 의상, 소품과 표정으로 드러내야 한다. 길고 장황한 설명은 '감정'을 희석시키지만, 이미지는 그 감정을 '직관적'으로 전달한다. 이처럼 영상 스토리텔링은 텍스트에 비해 '정서적'으로 강렬한 힘을 가진다.

[단계별 캐릭터 비주얼 적용하기]

색상 지정하기	내용	빨강 → 열정, 위험, 강렬함 / 파랑 → 차가움, 신뢰, 침착함 노랑 → 순수, 밝음, 활기 / 검정 → 신비, 카리스마, 무거움
	예시	슈퍼맨: 빨강 + 파랑 = 정의와 희망 배트맨: 검정 = 어둠과 복수 아이언맨: 빨강 + 금색 = 화려함과 자신감
시그니처 소품 만들기	내용	캐릭터를 대표하는 물건을 정하고 강조하기 '아, 그 사람!'이라고 바로 알 수 있도록 반복적으로 노출
	예시	셜록 홈즈: 파이프 + 돋보기 해리 포터: 동그란 안경 + 지팡이 인디아나 존스: 모자 + 채찍 찰리 채플린: 지팡이 + 중절모
의상 스타일 정하기	내용	같은 스타일을 반복해 일관성 있는 캐릭터 브랜드를 만듦
	예시	깔끔한 정장: 완벽주의, 전문성 헐렁한 옷: 자유분방 고급 브랜드: 성공, 자신감 빈티지 스타일: 독특함, 예술적
특징적인 표정과 제스처	내용	반복되는 습관 만들기
	예시	한쪽 입꼬리만 올리는 미소, 생각할 때 안경 만지기 말 시작 전 "음~" 하고 생각하기, 특정 손동작이나 포즈

✔ 변화성 : 개연성 있게 성장하는 인물

사람들은 '결과'가 너무 분명한 이야기에 흥미를 느끼지 않는다. 캐릭터 역시 마찬가지다. 변하지 않고 고정된 캐릭터는 지루하게 느낄 수 있다. 사건을 통해 변화의 과정을 잘 보여주는 여정은 이야기를 매력적으로 만든다.

+

셰프의 스토리 창작 비법 ③
다이나믹하게 사건을 설계하라!

'사건'은 주인공의 목표를 검증하는 중요한 시험대이며, 인물이 목표를 이루거나 좌절하게 만드는 하나의 '도구'로 기능한다. 이때 사건은 캐릭터의 성격과 서사적 맥락에 어울리는 개연성을 갖출 때 비로소 리얼리티를 형성한다.

스토리의 생명력은 캐릭터의 욕망과 사건이 충돌하는 지점에서 나온다. 사건이 캐릭터를 변화시키고, 그 변화 속에서 이루어진 캐릭터의 선택이 다시 새로운 사건을 낳는다. 이러한 순환적 구조가 바로 '영상 스토리텔링의 생명력'이며, 감독은 그 리듬과 간격을 설계하는 '시간의 건축가'가 된다.

- 캐릭터는 사건의 원인

- 사건은 캐릭터의 증거

이야기를 만든다는 것은 결국 인간을 이해하는 일이다. 또한 사건을 설계한다는 것은 한 인간이 무엇을 두려워하고, 무엇을 갈망하는지를 그리는 일이다. 결국 캐릭터는 사건을 낳고, 사건은 캐릭터를 완성한다. 이 두 요소는 서로를 비추며 이야기를 앞으로 나아가게 한다.

캐릭터가 없는 사건은 공허하고, 사건이 없는 캐릭터는 멈춰 있다. 좋은 이야기는 언제나 이렇게 시작된다. "그 사람에게 어떤 일이 일어났는가?"가 아니라, "그 사람은 왜 그렇게 행동했는가?"로부터이다. 이 질문이 곧, 스토리텔링의 본질이며 우리를 매료시키는 모든 이야기의 심장이다.

✔ 캐릭터 중심의 사건 설계

현대 영상 콘텐츠, 특히 유튜브나 넷플릭스 오리지널 시리즈에서는 '캐릭터 중심 서사Character- driven narrative'가 점점 더 중요해지고 있다. 예컨대 〈브레이킹 배드Breaking Bad〉의 주인공 월터 화이트는 평범한 화학 교사에서 마약 제조자가 되는 인물이다. 그의 선택은 단 한 번의 사건, 즉 '암 진단'에서 시작된다. 하지만 그 사건은 단순한 계기일 뿐, 진짜 원인은 그가 가진 자존심, 억눌린 욕망, 세상에 대한 분노다. 즉, 사건은 불씨이고 캐릭터는 그 불을 키워 폭발시키는 진짜 동력인 셈이다. 결국 스토리는 이렇게 움직인다.

- 사건이 인물을 흔들고,

- 인물이 그 흔들림 속에서 새로운 사건을 만들어낸다

이 순환을 기억하고 활용하자! 이야기의 중심축을 사건의 연속이나 주제의 전개가 아니라 캐릭터의 내면적 변화, 관계, 그리고 성장에 두는 접근법! 이 구조에서는 캐릭터의 동기, 갈등, 그리고 그들이 겪는 감정적 여정이 플롯을 이끄는 주요 동력으로 작용한다. 단순히 무엇이 일어나는가가 아니라, 누가 어떻게 변화하는가에 초점을 맞추는 것이다. 이처럼 관객은 캐릭터가 겪는 사건의 시각화를 통해 이야기 속으로 몰입하게 되는 것이다.

예) **〈위플래쉬**Whiplash〉: 메인 플롯은 '앤드류'가 완벽한 연주를 목표로 노력하는 과정처럼 보이지만 진짜 이야기는 그의 강박, 자아도취, 그리고 폭군적 스승 '플레쳐'와의 갈등을 통해 드러나는 내면적 변화에 있다. 여기서 플롯은 앤드류라는 캐릭터의 성격과 욕망에 의해 완전히 주도되고, 관객은 그의 고통과 승리를 함께 느끼게 된다.
〈기생충〉: 이 작품은 계층 갈등을 주제로 다루지만, 김 씨 가족과 박 씨 가족의 캐릭터 간의 욕망과 행동이 명확한 대비를 이루는 플롯이 영화를 끌어가고 있다.

✔ 관계 기반의 사건 설계

캐릭터 중심의 사건 설계의 또 다른 변주는 바로 인물과 인물 간의 관계에 초점을 두는 방식이다.『성경』 속 카인과 아벨에서도 나타나고 있는 것처럼 인간에게는 사랑과 함께 경쟁, 질투, 증오 등 극단적인 대립의 본능이 내재하고 있다. 주인공과 악역의 관계가 선명할수록 사건의 대립축이 강화된다. 극의 제목에서부터 이러한 대립관계를 강조하는 예는 무수히 많다.

[캐릭터 간의 관계성을 강조한 타이틀]

〈톰과 제리〉 Tom and Jerry	**대립의 핵심:** 쫓고 쫓기는 천적 관계 **특징:** '대립 자체가 브랜드화된 제목'의 대표 예
〈크레이머 대 크레이머〉 Kramer vs. Kramer	**대립의 핵심:** 부부의 이혼 소송 **특징:** 가정과 자아, 부모의 사랑을 놓고 맞서는 현실적 대립
〈배트맨 대 슈퍼맨〉 Batman v Superman: Dawn of Justice	**대립의 핵심:** 영웅 vs 영웅 **특징:** 정의의 기준이 다른 두 슈퍼히어로의 충돌
〈스콧 필그림 vs. 더 월드〉 Scott Pilgrim vs. the World	**대립의 핵심:** 청춘 남자 vs 세상 / 전 남친들 **특징:** 사랑을 쟁취하기 위한 유쾌한 대결 구조

✔ 공간 기반의 사건 설계

사건이 일어나는 '작업 공간'은 영상미의 핵심이다. 공간의 신비감, 상징성, 미장센이 사건의 의미를 확장시킨다. 특히 생성형 AI 콘텐츠를 기획한다면 이 부분을 더욱 고려할 필요가 있다. 현실 세계에서 묘사가 어려웠던 공간이나 세계관이 이제 손쉬운 AI

기술을 통해 얼마든지 구현될 수 있기 때문이다.

예) 〈**베를린 천사의 시**^Wings Of Desire〉: 여주인공의 보헤미안적 성격을 방의 분
위기와 구성 요소를 통해 시각적으로 표현

셰프의 스토리 창작 비법 ④
사건을 더욱 몰입감 있게 만드는 '극적 연출법'

스토리를 더욱 몰입감 있게 전개하기 위해 연출자에게 가장 요
구되는 것은 바로 극적 연출법이다. 이는 단순히 장면을 구성하
는 기술이 아니라 관객의 심리, 감정, 지각을 디자인하는 예술적
전략이다. 모든 영상 스토리텔링은 두 층위의 재미를 가지는데,
극적 연출의 본질적인 목표는 이러한 재미와 가치를 동시에 잡는
데 있다.

- **기능적 재미**^Functionality: 속도감, 유머, 스펙터클, 장르적 쾌감
- **가치적 재미**^Value: 성찰, 깨달음, 카타르시스

기능적 재미는 몰입을 이끌고, 가치적 재미는 감동을 완성한
다. 연출자는 '즐거움과 의미'라는 두 가지 재미를 놓치지 않기 위

해 극적 연출을 통한 뻔하지 않은 전개를 펼친다. 특히 극적 연출을 통해 스토리의 '몰입감'을 주는 것이 중요하다. '시대적 배경-인물-사건'의 세 가지 요소를 조화시키는 극적 연출을 통해 스토리의 구조를 더욱 치밀하게 완성한다. 이러한 '극적 효과'를 강화하는 연출법을 크게 네 가지로 나누어 살펴보면 다음과 같다.

1. 극적 연출법: 점진 노출과 서스펜스

점진 노출은 정보를 서서히 공개해 관객의 궁금증을 자극하는 기법이다. 보통 설정 숏Establishing shot으로 공간 전체를 먼저 보여주고 디테일을 전개하는 것에 비해, 점진 노출Slow Disclosure은 미디엄이나 클로즈업Close-up 숏 등을 통해 부분적·세부적 이미지를 먼저 보여줌으로써 궁금증을 최대한 확장하는 방식이다. 순서를 바꿔 정보를 지연시킴으로써 관객들로 하여금 '현재 이 상황은 뭘까'라는 미스터리를 강조하는 방식이다.

대표적인 심리 스릴러의 대가인 알프레드 히치콕Alfred Hitchcock 감독의 영화에서 이러한 시도를 확인할 수 있다.

예) 〈새Birds〉: 리디어가 댄의 집을 방문해 댄의 시신을 발견하는 과정의 긴 지연 연출

〈사이코Psycho〉: 클로즈업만으로 구성된 살해 장면은 관객의 공포를 시각적으로 압축

서스펜스suspense는 이러한 점진 노출을 통해 생겨나는 감정적 효과이다. '지연된 결과에 대한 불확실성'이 관객의 긴장감을 유지시킨다. 혹은 극중 등장인물은 알아채지 못하는 위험 상황을 관객에게만 서서히 제공할 때도 서스펜스 효과를 얻을 수 있다. 이처럼 관객이 더 많은 정보를 알고 있을 때, 불안·기대·두려움이 교차하며 극적 긴장이 형성된다.

예) 〈**죠스**Jaws〉: 스티븐 스필버그Steven Spielberg 감독의 죠스의 등장 장면은 서스펜스 효과를 극대화시킨 전설의 연출 장면으로 평가

반면 서프라이즈surprise는 관객과 인물이 동일한 정보를 공유한 상태에서 발생하며, 별도의 사전 정보나 지연 효과 없이 순간적인 놀라움을 유도하는 연출 방식이다.

[서스펜스와 서프라이즈의 비교]

	방식	효과
서스펜스	지연 노출을 통해 관객에게 불안을 유발해 심리적 긴장감을 유발 - 서서히 다가오는 긴장과 놀람 - 슬로모션과 반응 숏이 가미되면 효과 배가 됨	지속적인 몰입
서프라이즈	극중 인물과 관객 모두 모르는 상태에서 갑자기 놀래키는 방식	갑작스러운 놀람

2. 극적 연출법: 콘트라스트와 갈등

콘트라스트^{contrast}(대비)는 영상미학의 기본 언어다. 명암, 색채, 형태, 소리 등 모든 요소의 대립이 화면의 강도를 높이고 시각적 대비를 만들어낸다.

〈시각적 콘트라스트 예시〉

- 밝음 vs 어둠

- 차가운 색 vs 따뜻한 색

- 정적 구도 vs 동적 구도

높은 콘트라스트는 단일 장면 내의 시각적 강도를 높이는 데 유효하며, 콘트라스트가 높은 숏과 낮은 숏을 교차 편집할 경우에도 유사한 긴장감이 형성된다. 콘트라스트는 단순한 시각적 대비를 넘어 인물 간 갈등^{conflict}을 시각적으로 드러내는 장치로도 기능한다.

익숙한 연출 중 하나로, 군중은 모두 등을 보이며 서 있는 반면, 주인공만 카메라를 향해 정면으로 서 있는 장면이 대표적이다. 이러한 대비를 통해 인물들 사이의 욕망 차이를 강조할수록 스토리의 긴장감과 몰입도는 더욱 높아진다.

결국 갈등은 서사의 엔진이며, 콘트라스트는 그 엔진에 불을 붙이는 점화 장치라 할 수 있다.

예) 〈**조커**〉: 주인공과 사회의 대비를 색채와 조명으로 표현

〈**노인을 위한 나라는 없다**No Country For Old Men〉: 인물 간 가치 대비를 화면
의 톤으로 상징화

3. 극적' 연출법: 콘티뉴이티와 디스콘티뉴이티

'연속성을 의미하는 콘티뉴이티Continuity는 우리가 흔히 '콘티'라
고 부르는 개념이다. 즉, 시간·공간·행동의 연속성을 유지해 관
객에게 '실재감'과 '몰입'을 부여하는 편집 방식이다. 우리가 보는
영상은 다양한 사이즈와 앵글의 여러 장면을 편집으로 이어 붙인
것이지만, 우리는 자연스럽게 하나의 흐름으로 받아들인다. 이를
비가시적 컷invisible cut이라고 하는데, 관객이 컷이 있었다는 사실을
인지하지 못하게 만드는 편집 기법이다. 일반적으로 사람들은 최
소 2단계 이상 차이 나는 사이즈의 컷을 다른 앵글 각도에서 촬영
한 장면을 이어 붙일 때 자연스럽게 느낀다. 이외에도 특별한 연
출을 통해 비가시적 컷 효과를 얻을 수 있다.

[비가시적 컷 효과]

카메라 이동 중 블러·암전 이용	**설명**: 카메라가 물체를 스치거나 어둠을 지나며 장면 전환을 숨김 **예시**: 〈버드맨BIRDMAN〉 - 전체가 원테이크처럼 보이지만 사실 수십 개의 비가시적 컷으로 구성됨
피사체의 움직임 이용	**설명**: 인물이 화면을 가리거나 카메라 앞을 지나갈 때 컷 삽입 **예시**: 〈1917〉 - 트래킹 중 배경이 어두워지는 순간 컷 전환
동작 매칭 Match on Action	**설명**: 인물의 같은 동작을 컷 사이에 이어 붙여 자연스럽게 연결 **예시**: 문을 여는 장면을 다른 각도에서 이어 붙일 때 흔히 사용
디졸브, 페이드의 최소화	**설명**: 전통적 전환 효과 대신 자연스러운 연속성으로 위장 **예시**: 편집 티를 감추기 위해 사용

그런데 이를 역으로 이용하면 극적 연출 효과를 얻을 수 있다. 이것이 바로 디스콘티뉴이티Discontinuity(비연속성)의 효과다. 즉, 의도적으로 연속성을 파괴해 관객의 몰입을 흔드는 기법으로 점프 컷, 슬로 모션, 화면 분할 등이 그 예다. 이들 편집 방식을 통해 관객에게 오히려 극중 몰입을 깨고 특별한 각성과 자각을 유도한다. 특히 이러한 방식은 영화에서 특별한 의미를 만들어내거나, 광고·뮤직비디오 등에서는 짧은 집중 효과를 극대화하는 데 유용하다.

[대표적인 점프 컷 사용 영화]

영화	설명
〈네 멋대로 해라〉 À bout de souffle	- 점프 컷을 혁신적으로 사용하여 영화 문법을 깬 작품으로 가장 유명 - 주인공이 차를 타고 이동하는 장면 등에서 의도적으로 불연속적인 편집을 사용하여 관객에게 충격을 줌, 이는 누벨바그의 상징적인 스타일이 됨
〈2001: 스페이스 오디세이〉 2001: A Space Odyssey	- 유명한 '본 커트$^{Bone\ Cut}$' 장면이 점프 컷의 훌륭한 예시: 유인원이 던진 뼈다귀가 우주선으로 급격히 전환되는 장면은 인류 진화와 기술 발전의 엄청난 시간적 도약을 상징적으로 보여줌
〈로얄 테넌바움〉 The Royal Tenenbaums	- 시간이 경과하는 모습을 보여주거나, 캐릭터의 내적 상태를 표현하는 장면에서 점프 컷을 사용하여 특유의 동화적이고 독특한 영상미를 완성함

4. 극적 연출법: 리듬과 모티프

영상 편집에서 리듬Rhythm은 숏의 길이와 편집의 박자에 의해 만들어진다. 일반적으로 짧은 숏은 빠른 속도감을, 긴 숏은 정적이고 감성적 분위기를 연출한다. 리듬은 스토리의 박자와 감정의 맥박을 조절하는 장치다. 그런데 대비되는 롱 숏Long Shot과 클로즈업을 번갈아 대비하면 리듬의 확장과 수축이 강조되는 효과를 얻을 수 있으며, 이는 클로즈업과 익스트림 클로즈업을 강조할 때 더 강하게 나타난다.

한편 모티프Motif는 소도구, 대도구, 소리, 색깔 등 시각·청각적 요소를 반복적으로 사용함으로써 주제를 상징적으로 강조하는 개념이다. 좀 더 구체적으로는 소품, 의상, 표정, 제스처, 생각, 색,

모양, 대사, 음악, 음향 등에서 적용될 수 있다. 이중 하나 혹은 여러 개의 모티프를 반복적으로 사용함으로써 리듬감을 만들어낸다. 특히 가장 핵심적인 상징이 되는 것을 '중심 모티프Leitmotif'라고 하는데, 보통 영화나 드라마의 주제를 상징하며 관객의 감정선에 기억과 울림을 남긴다.

예) 〈**타이타닉**〉: 대양의 심장 목걸이

〈**박하사탕**〉: '박하사탕'이라는 물건 자체가 회귀와 죄의식의 상징

〈**겨울연가**〉: 북극성이 사랑의 지속을 암시

지금까지 살펴본 것처럼 점진 노출은 궁금증을, 콘트라스트는 대립을, 콘티뉴이티는 몰입을, 모티프는 정서적 효과를 만들어낸다. 이 요소들이 리듬으로 통합될 때 하나의 영화는 감정의 심포니로 완성된다. 콘티뉴이티가 몰입을 형성하고, 디스콘티뉴이티가 충격을 주며 긴장의 파동을 만든다. 이처럼 연출자는 스토리를 극적으로 만드는 다양한 레시피를 적용함으로써 관객들을 스토리 속에 가두고 그들의 시간과 경험을 훔쳐 올 수 있는 것이다.

보여지는 콘텐츠에서 '기억'되는 콘텐츠로 살아남기!

+

말보다 강한 영상 문법을 찾는 흥행의 방정식 '비주얼 전략'

영화, 드라마, 광고, 다큐멘터리 등 모든 영상 콘텐츠는 '무엇을 말할 것인가(내용)'와 '어떻게 보여줄 것인가(형식)'의 결합으로 완성된다. 이 중 영상 연출의 핵심은 대사나 플롯보다는 '시각적 언어로 이야기를 어떻게 표현하는가'에 있다고 해도 과언이 아니다. 영상 제작에서 '비주얼 전략Visual Strategy'은 스토리의 주제·정서·장르적 특성에 맞추어 시각적 요소(색, 조명, 구도, 움직임, 리듬, 질감 등)를 체계적으로 설계함으로써 관객의 감정과 인식을 조정하는 시각적 시스템을 의미한다. 즉, '언어 텍스트로 쓰여진 이야기를 이미지의 문법으로 번역하는 과정'이라고 할 수 있다. 이를 통해 관객은 스토리를 '이해'하는 것이 아니라 '감각'하게 된다.

+

매력적인 비주얼로 관객을 사로잡다!

"좋은 스토리란 잘 쓰여진 이야기가 아니라, 잘 '보이게' 설계된 감정
의 구조이다."

미시간대학교 교수 로버트 맥키Robert McKee의 말이다. 그의 말처럼 스토리텔링은 언어가 아니라 '시선'의 예술이다. 비주얼 전략은 단순히 장면의 아름다움을 위한 것이 아니라 관객의 사유를 유도하고 감정을 설계하는 지적 장치다. AI 시대의 영상 창작자는 기술보다 감각의 건축가, 즉 '이미지로 생각하는 연출가'가 되어야 한다.

비주얼 전략이 세워질 때 스토리는 단순한 정보 전달을 넘어, 감정의 파도처럼 흐르고 관객의 마음속 깊이 박힐 수 있게 되는 것이다.

그렇다면 '비주얼 전략' 수립은 왜 중요한가?

① 시각적 일관성 확보

비주얼 전략이 없는 작품은 장면마다 색조·조명·카메라 톤이 달라져 감정의 흐름이 단절된다. 반대로 비주얼 전략은 작품 전반에 통일된 미학적 정체성을 형성한다.

② 감정의 지휘자 역할

스토리의 클라이맥스, 전환점, 여운은 비주얼의 강약 조절에 의해 완성된다. 조명·음영·카메라의 거리·프레임 속 공간구성은 음악처럼 감정을 조율한다.

③ 관객 경험의 설계

현대의 관객은 능동적 해석자이다. 비주얼 전략은 그들의 시선과 감정의 흐름을 설계함으로써 몰입의 방향을 통제한다.

④ 제작 효율성

촬영 전부터 비주얼 전략이 존재하면, 감독·촬영감독·미술감독·VFX 팀 간 커뮤니케이션이 일관성을 유지한다. 이는 제작비 절감과 후반 작업의 정체성 확보에도 직결된다.

이처럼 비주얼 전략은 단순한 미장센의 조합이 아니라, 스토리의 철학과 메시지를 시각적으로 번역하는 창작자의 설계도다. 즉, 이야기를 '보이게' 하는 전략이 곧 영상의 정체성을 결정한다.

+

비주얼 전략 수립의 5단계

① 주제 해석Thematic Reading

스토리의 중심 메시지를 시각 언어로 치환할 수 있는 키워드를 도출한다.

- 고립: 좁은 프레임, 저채도 톤

- 희망: 상승 구도, 따뜻한 역광

② 시각 톤 결정Visual Tone & Mood

작품의 전반적 톤과 무드를 색상 팔레트로 정의한다.

- 따뜻한 톤: 휴머니즘, 성장 서사

- 차가운 톤: 범죄, 고립, 미스터리

- 네온 빛 / 높은 채도의 톤: 현대적 풍자, 유희성

③ 미장센 설계Mise-en-Scène Design

프레임 속에서 공간, 인물, 오브젝트의 관계를 설계한다.

- 인물의 위치: 감정의 중심과 주변을 시각적으로 구분

- 조명의 방향: 권력 관계나 내면의 심리 강조

- 세트의 구조: 인물의 제약·갈등을 상징화

④ **촬영 리듬과 구도 전략**Camera Grammar

카메라의 거리, 앵글, 움직임으로 감정의 리듬을 구축한다.

- 핸드헬드: 불안, 혼돈, 리얼리티

- 스테디캠: 균형, 평온, 안정

- 더치 앵글: 불안정, 심리적 긴장

⑤ **후반 시각 전략 통합**Post-Visual Integration

편집, 색보정, VFX, 사운드 디자인을 통해 전체 톤을 재통합한다. 이 단계에서 '비주얼 아이덴티티visual identity'가 완성된다.

[장르별 비주얼 전략 사례]

장르	핵심 비주얼 전략	대표 사례
드라마	감정의 색채 설계 / 인물의 구도 중심	〈나의 아저씨〉 회색빛 톤으로 인간관계의 피로감 표현
스릴러 / 범죄	콘트라스트, 그림자, 비대칭 구도	〈세븐Seven〉 저채도 조명과 비대칭 프레임
로맨스	소프트 포커스 / 따뜻한 빛 / 반복되는 오브젝트	〈라라랜드La La Land〉 색과 음악의 일체화된 미장센
다큐멘터리	자연광 중심의 리얼 톤 / 시점 다양화	〈인류세〉 지구의 시선에서 바라본 인간
예능 / 리얼 버라이어티	즉흥적 프레임 / 자막과 시각 효과의 리듬화	〈무한도전〉 자막과 프레임의 해체로 '리얼 낯섦' 연출

비주얼 전략의 사례:
몰입의 극대화를 노리는 '원 콘티뉴어티 기법'

'편집을 숨기는 편집'의 미학

전통적으로 영화의 편집은 시간과 공간을 압축·재배열하여 서사를 구성하는 '보이지 않는 손'이었다. 그러나 '원 콘티뉴이티One Continuity 편집'은 이 통념을 거스른다. 컷의 존재를 지우고, 영화가 실시간으로 펼쳐지는 듯한 착각을 부여함으로써 관객을 이야기 내부의 시점으로 끌어들인다. 이 방식은 한편으로 연극적이며, 다른 한편으로는 실존적이다. 관객은 시간의 흐름을 단축하지 않고 그대로 견디게 되며, 이는 '지속의 미학The Aesthetics of Duration'으로 불린다.

원 콘티뉴이티 편집의 개념과 기술적 배경

원 콘티뉴이티 편집 또는 원 숏 시뮬레이션One-Shot Simulation은 전체 서사가 하나의 연속된 숏처럼 보이도록 설계된 편집 방식이다. 실제 촬영에서는 수차례 컷이 존재하지만, 이들은 디졸브·패닝·피사체 통과 등 자연스러운 전환으로 관객에게 감지되지 않도록 연결된다.

이 방식은 다음과 같은 세 가지 효과를 목표로 한다.

- **현실감**Reality: 시간의 압축이 사라져 실제 시간의 흐름을 체험
- **몰입감**Immersion: 관객이 장면 속 인물의 감각에 동기화
- **심리적 긴장감**Tension: 컷이 제공하던 '안전한 거리'가 사라지면서 긴장감 연속

예) **알프레드 히치콕의 영화 〈로프**Rope〉: 연극적 시간의 긴장감을 원 씬 원 컷 기법으로 영화 속에 옮겨 놓았다. 이는 원 콘티뉴이티 실험의 선구적 사례로 영화 전체를 하나의 무대 위에서 벌어지는 단막극처럼 구성했다.

예) 〈1917〉: 이 영화는 〈로프〉의 70여 년 뒤 작품으로 히치콕의 실험을 현대적 카메라 기술로 완성했다. 제1차 세계대전의 참호를 배경으로 두 병사가 전령을 전달하는 단 하루의 여정을 하나의 '끊김 없는 시각적 여정'으로 제시한다. 기술적으로 약 40개의 숏을 스티치stitch 편집으로 이어 붙여 관객이 이를 하나의 연속된 장면으로 인지하도록 만든다. 스테디캠, 드론, 크레인, 와이어캠 등 다양한 이동 장치를 활용한 것은 물론, 자연광과 실시간 그림자 변화까지 섬세하게 통제된 비주얼 설계를 선보였다.

[원 콘티뉴이티 대표 영화 간 비교]

구분	〈로프〉 (1948년, 알프레드 히치콕)	〈1917〉 (2020년, 크리스토퍼 놀란)
시간성	연극적 실시간 - 심리적 긴장 지속	역사적 실시간 - 체험적 몰입 제공
공간	제한된 실내(거실)	광활한 외부(전쟁터)
목적	죄의식의 밀폐감 표현	인간적 희생과 연대의 감각 체험
기술적 수단	카메라 위치와 블로킹으로 컷 은폐	디지털 스티칭, 이동 장비 통합
감정 효과	폐쇄 공포, 불안, 긴장	체험적 피로, 몰입, 공감
관객의 위치	관찰자 → 공범	관찰자 → 동행자

[VISIO_] Optimize: 진화하는 플랫폼에 맞는 최적의 솔루션을 찾아라!

관객의 취향을 분석하는 플랫폼,

이를 반영하는 콘텐츠 전략!

영화나 드라마 등 영상 콘텐츠는 제작에 대규모 자본이 필요하다. 따라서 '감독의 예술적 직관'보다는 철저하게 계획, 설계되는 산업에 가깝다. 특히 최근 콘텐츠 시장을 주도하고 있는 넷플릭스, 유튜브, 티빙 등 주요 영상 플랫폼에서는 '데이터 기반 콘텐츠 전략data-driven content strategy'을 통해 관객이 '보고 싶어 하는 것'을 미리 예측하고, 그에 맞게 콘텐츠를 제작하는 것이 당연하게 받아들여지고 있다. 타깃 관객 분석과 이를 기반으로 한 전략 수립은 영화와 광고 분야에서 오래전부터 활용되어 왔지만, 최근 플랫폼의 발전으로 콘텐츠 산업 전반에 걸쳐 확산되고 있다. 이제는 단순히 관객의 취향을 분석하는 데서 그치지 않고, 데이터를 바탕으로 역으로 어떤 콘텐츠를 제작할지까지 결정하는 단계에 이르고 있다.

관객의 취향을 선반영해 콘텐츠를 기획하는 플랫폼의 '취향 최적화' 전략은 단순히 인기 있는 콘텐츠를 선보이는 게 아니라, 주요 타깃 관객의 감정 반응·시청 패턴·선호 장르를 실시간으로 학습해 개인에게 가장 강력하게 반응할 콘텐츠를 맞춤형으로 제시하고 있다. 즉, **'모두에게 맞는 이야기'가 아니라, '당신에게 최적화된 이야기'를 만드는 것을 목표로 한다.**

[주요 플랫폼의 데이터 분석 시스템]

넷플릭스	• **전략 방식**: 데이터 기반 자체 제작Original Series • **구체적 사례** – 〈하우스 오브 카드House of Cards〉, 〈오징어 게임〉, 〈더 글로리〉 등은 각국의 시청 패턴을 기반으로 개발 – 〈오징어 게임〉의 경우 한국 콘텐츠에 대한 세계적 호기심 + 서바이벌 장르의 높은 클릭률 분석 결과
유튜브	• **전략 방식**: 실시간 추천 알고리즘 • **구체적 사례** – 시청 시간Watch Time 최적화를 목표로, 사용자가 오래 머무는 콘텐츠를 우선 추천 – 썸네일·제목·영상 길이까지 데이터 기반 분석
티빙	• **전략 방식**: 실시간 이용 데이터를 반영한 오리지널 • **구체적 사례** – 〈환승연애〉는 첫 시즌의 댓글 감정 분석과 조회수 데이터를 기반으로 시즌 2에서 인물 구도와 편집 리듬을 조정
왓챠	• **전략 방식**: 개인별 평점 알고리즘 • **구체적 사례** – '당신과 비슷한 취향의 사용자들이 좋아한 작품'의 구조로 개인화 추천 – 평점이 단순 평균이 아니라 '유사 취향 그룹' 중심으로 계산

비교적 최근작을 중심으로 관객의 취향을 적중시킨 극장 상영 영화 및 OTT 플랫폼에서 상영된 드라마 시리즈의 플랫폼 성공전략을 분석해 보면 다음과 같은 성공 요인을 찾을 수 있다.

- 참신한 소재 또는 사회문제 접근

- 캐릭터 중심 구성 + 감정선 강조

- 장르 혼합(판타지 + 로맨스, 법정 + 휴먼 등)

- OTT + TV 방송 동시 전략 또는 글로벌 유통 확보

- 화제성 지속을 위한 반전, 클리프행어 등

- 배우·연출·작품의 퀄리티

[흥행 성공작들의 전략 분석]

〈더 글로리〉	• **시점 및 플랫폼**: 2022-2023(넷플릭스) • **주요 성과 / 화제성**: 넷플릭스 비영어권 TV 부문 글로벌 1위, 학교폭력에 대한 사회적 경각심 환기 • **성공 요인 분석**: 김은숙 작가의 탄탄한 '복수' 서사 + 송혜교의 연기 변신 + '학폭' 사회적 화두 + 카타르시스
〈무빙〉	• **시점 및 플랫폼**: 2023(디즈니+) • **주요 성과 / 화제성**: 디즈니+ 역대 국내 오리지널 중 최장 시청 시간, 백상예술대상 대상 수상 • **성공 요인 분석**: '한국형 히어로'의 정립 + 사람 냄새 강한 강풀 작가 스토리 + 초호화 캐스팅 + 인상적인 CG 비주얼 효과
〈파묘〉	• **시점 및 플랫폼**: 2024(극장개봉) • **주요 성과 / 화제성**: 관객 1,190만 명 돌파(오컬트 장르 최초 천만), MZ세대 사이에서 '힙한 무당' 밈 유행 • **성공 요인 분석**: 오컬트 장르의 대중화 + 항일抗日 역사 코드의 영리한 결합 + 최민식·김고은 등 '신들린' 연기력

<table>
<tr><td rowspan="3">〈눈물의 여왕〉</td><td>• 시점 및 플랫폼: 2024(tvN / 넷플릭스 병행)</td></tr>
<tr><td>• 주요 성과 / 화제성: 당시 tvN 역대 시청률 1위 달성, 넷플릭스 글로벌 상위권</td></tr>
<tr><td>• 성공 요인 분석: 클리셰를 비튼 '역逆 신데렐라' 설정 + 로코와 멜로의 황금 비율</td></tr>
</table>

이를 다시 장르별 특징으로 분석해 보면,

① 액션 / 범죄 / 스릴러 장르

영화 분야 대표작

- 〈범죄도시 2〉: 범죄 + 액션 요소

- 〈베테랑〉: 범죄 + 액션 요소

- 〈부산행〉: 재난 + 좀비 + 액션 요소

- 〈신과함께: 죄와 벌〉: 범죄 + 판타지 요소

- 〈검사외전〉: 범죄 + 코미디 + 정치 스릴러 요소

- 〈반도〉: 좀비 재난 + 액션 스릴러 요소

드라마 / OTT 분야 대표작

- 〈모범택시〉: 범죄 피해자 + 복수 대행 스토리

- 〈D.P.〉: 군대 내 범죄 + 부조리 중심

- 〈악의 마음을 읽는 자들〉: 범죄 + 심리 스릴러

- 〈시그널〉: 범죄 + 사회 부조리 + 타임슬립

- 〈더 글로리〉: 스릴러 + 범죄 + 학원물 + 복수 + 멜로

[액션, 범죄, 스릴러 장르의 특징 분석]

현실성 vs 과장	• **강점 / 차별점** 〈D.P.〉나 〈모범택시〉는 현실적 소재(군대 부조리, 범죄 피해자 복수) 덕분에 공감력 상승 • **약점 또는 위험 요소** 과도한 폭력 묘사나 설정의 비현실성이 눈에 띄면 몰입이 약해짐
속도감 있는 전개	• **강점 / 차별점** 액션 / 범죄 장르는 빠른 템포가 중요 중간 클리프행어나 예측불가 반전이 있어야 함 • **약점 또는 위험 요소** 속도만 강조하면 캐릭터 감정이 빈약해짐
캐릭터 중심 vs 설정 중심	• **강점 / 차별점** 범죄 장르는 주인공(수사관, 범죄자 등)의 심리, 내면 갈등이 중요 예: 〈악의 마음을 읽는 자들〉에서는 범죄 심리 묘사가 핵심 • **약점 또는 위험 요소** 설정만 화려하고 캐릭터가 얕으면 금방 식상해짐
사회문제 / 메시지 결합	• **강점 / 차별점** 〈D.P.〉의 경우 병영 폭력 문제, 〈모범택시〉는 사회 약자 / 정의 구현 쪽 메시지를 담아 화제 • **약점 또는 위험 요소** 메시지가 너무 무겁거나 설교조가 되면 오락성이 약해짐
연출 & 시각 효과	• **강점 / 차별점** 액션 장면, 카 체이싱, 추격 장면으로 시각적 쾌감 상승 • **약점 또는 위험 요소** 예산이나 기술 부족으로 액션이 어설프면 몰입이 깨짐
시리즈성 / 후속 기대감	• **강점 / 차별점** 〈범죄도시〉 시리즈처럼 속편 기대감이 생기는 구조는 충성 팬층 형성 • **약점 또는 위험 요소** 속편에 과도하게 의존하면 본편의 완성도가 흔들림

② 코미디 / 드라마 / 휴먼 장르

영화 분야 대표작

- 〈극한직업〉: 코미디 + 액션

- 〈7번방의 선물〉: 가족 / 휴먼 코미디

- 〈베테랑〉: 범죄 + 액션+ 블랙 코미디

- 〈해치지 않아〉: 코미디 + 사회적 메시지 병합

드라마 / OTT 분야 대표작

- 〈이상한 변호사 우영우〉: 법정 드라마 + 휴먼 + 감동

- 〈갯마을 차차차〉: 로맨스 + 휴먼 코미디

- 〈슬기로운 의사생활〉 시리즈: 병원 생활 + 인간관계 중심

- 〈스타트업〉: 청춘 + 꿈 + 인간관계

- 〈응답하라〉 시리즈: 휴먼 + 코미디 감성 + 레트로

[코미디, 휴먼 장르의 특징 분석]

정서적 연결	• **강점 / 차별점** 관객 / 시청자가 캐릭터의 생활이나 고민에 감정이입이 가능해야 함 • **주의할 점** 과하게 멜로드라마화될 경우 '감정 과잉'으로 작용함
유머 감각	• **강점 / 차별점** 시대 감각에 맞는 유머 + 상황 코미디 / 말장난 등이 자연스러워야 함 • **주의할 점** 유행어 남발, 유머 반복 등이 피로감을 줄 수 있음
균형 잡힌 드라마 & 웃음	• **강점 / 차별점** 코미디만 계속되면 얕아 보여 드라마적 깊이를 적절히 섞어야 함 • **주의할 점** 드라마적 성향이 너무 강해지면 웃음 요소가 약해짐
캐릭터 앙상블 구성	• **강점 / 차별점** 여러 인물의 얽힘이 재미를 더함 각 조연 캐릭터도 사랑받을 만해야 함 • **주의할 점** 조연이 과도하게 많으면 중심이 흐려질 수 있음
일상성과 판타지의 조화	• **강점 / 차별점** 뻔하고 지루한 일상 소재에 판타지적 요소로 재미와 대리만족을 전달함 • **주의할 점** 너무 판타지나 비현실 쪽으로 치우치면 몰입이 떨어질 위험이 있음
재관람 / 재감상 유도	• **강점 / 차별점** 유머 + 감동 요소가 반복해서 보고 싶게 만드는 작품이 강세 • **주의할 점** 복선이 없거나 반전이 약하면 반복성이 약해짐

③ 판타지 / SF / 초자연 장르

영화 분야 대표작

- ⟨신과함께 - 죄와 벌 / 인과 연⟩: 사후 세계 판타지 드라마

- ⟨엑시트⟩: 재난 + 긴박감 + 판타지적 요소 결합

- ⟨기생충⟩: 리얼리티 + 블랙 코미디

- ⟨반도⟩: SF / 좀비 + 재난 융합

드라마 / OTT 분야 대표작

- ⟨킹덤⟩: 사극 + 좀비 판타지

- ⟨환혼⟩, ⟨환혼2⟩: 판타지 + 사극

- ⟨지리산⟩: 미스터리 + 초자연 요소

- ⟨스위트홈⟩: 좀비 / 초자연적 스릴러

[판타지, SF, 초자연 장르의 특징 분석]

세계관 구축	• **강점 / 차별점** 명확하고 견고한 세계관이 있어야 함 (사후 세계 법칙, 좀비 설정 등) • **위험 요소 / 주의할 점** 세계관 설정이 허술하면 관객이 "왜 이렇게 되는 거지?" 하면서 몰입이 깨짐
장르 혼합	• **강점 / 차별점** 판타지 + 드라마 + 인간 갈등을 섞는 게 효과적 (예: 〈신과함께〉는 인간 드라마 중심) • **위험 요소 / 주의할 점** 판타지 요소만 강조되면 인간 감정이 약해질 수 있음
시각적 구현	• **강점 / 차별점** CGI, 특수효과, 세트 등이 고퀄이어야 함 • **위험 요소 / 주의할 점** 예산 부족 시 이펙트가 어설프게 보이기 쉬움
긴장감 유지	• **강점 / 차별점** 판타지 설정 내에서 긴장감을 풀지 않는 복선, 반전, 위기 연출이 중요 • **위험 요소 / 주의할 점** 너무 많은 설정을 한꺼번에 풀면 복잡하고 난해해질 위험 있음
캐릭터 + 설정 균형	• **강점 / 차별점** 판타지 요소보다 캐릭터 감정선이 중심에 있어야 관객이 몰입 • **위험 요소 / 주의할 점** 캐릭터가 설정에 묻히면 작품이 차갑게 느껴질 수 있음
스핀오프 / 확장 가능성	• **강점 / 차별점** 세계관이 확장 가능하게 설계되면 후속작, 외전 등 제작 유리 • **위험 요소 / 주의할 점** 세계관이 지나치게 닫혀 있으면 확장의 여지가 제한됨

④ 로맨스 / 멜로 / 청춘 장르

영화 분야 대표작

- 〈건축학개론〉: 멜로 / 로맨스 + 성장 +향수

- 〈너의 결혼식〉 : 로맨스 + 성장영화

- 〈연애 빠진 로맨스〉: 현실 반영 + 로맨틱 코미디(기존 장르적 클리셰를 벗

  어남)

드라마 / OTT 분야 대표작

- 〈사랑의 불시착〉: 로맨스 + 정치 / 국제적 배경

- 〈이태원 클라쓰〉: 청춘 + 로맨스 + 성장 스토리

- 〈갯마을 차차차〉: 로맨스 + 성장 스토리 + 힐링

- 〈내일 지구가 망해버렸으면 좋겠어〉: 로맨스 + 시트콤 + 하이퍼리얼리즘

- 〈그 해 우리는〉: 로맨스 + 청춘 다큐멘터리 + 성장드라마

[로맨스, 멜로, 청춘 장르의 특징 분석]

케미스트리 / 감정선	• **강점 / 차별점** 배우 간의 케미 + 감정 변화가 핵심 • **주의할 점** 케미가 부족하면 몰입이 약해짐
현실감 + 판타지 조화	• **강점 / 차별점** 현실적 고민 + 이상적 감정의 균형이 필요 • **주의할 점** 지나치게 이상적인 감정선은 현실감을 떨어뜨림
다양한 갈등 요소	• **강점 / 차별점** 가정, 사회 배경, 과거 상처 등을 엮어서 드라마 확장이 가능 • **주의할 점** 갈등이 너무 많거나 산만해지면 집중이 무너짐
OST / 음악 활용	• **강점 / 차별점** 감정 장면에서 음악이 극의 분위기를 크게 끌어올림 • **주의할 점** 음악이 튀면 몰입 방해 요소가 될 수도 있음

낯설게 하기,
창의성의 또 다른 이름

+

생성형 AI 시대,
더 새롭고 더 창의적인 크리에이티브, '낯설게 하기'

'낯설게 하기Defamiliarization'는 익숙한 사물을 새롭게 인식하게 만드는 예술적 전략으로, 문자 그대로 사물을 낯설고 이상한 시각에서 새롭게 바라보는 것을 의미한다. 이 말을 처음 사용한 이는 러시아 문학가 빅토르 쉬클로프스키Viktor Shklovsky다. 그는 '낯설게 하기'를 '인간 인식의 자동화를 깨뜨리는 장치'로 정의했다.

"바닷가에 사는 사람은 파도의 노랫소리에 익숙해져서 더 이상 그것을 귀담아듣지 않게 되고, 일상에서 매일 만나는 사람에게는 금세 익숙해져서 더 이상 타인에게 관심을 보이지 않으며, 또한 인간은 공기에 익숙해져 공기를 느끼지 못하게 된다.”

그는 익숙해진 세계에 점차 둔감해지는 인간의 감각을 이렇게 설명하고 있다. 그래서 '자동화'된 우리의 감각을 깨우고 낯익은 세계를 마치 생전 처음 바라보듯 '낯선 시선'으로 바라보고 재구성하는 것이 예술가에게는 반드시 필요한 역량이라고 강조한다.

'낯설게 하기'의 대표적인 예는 바로 러시아의 톨스토이^{Leo Tolstoy}의 단편 〈홀스토메르^{Холстомер}〉이다. 이 소설에서 톨스토이는 인간과 동물의 시점을 바꿔치기함으로써 새롭게 인간 세상을 묘사하고 있다. 늙은 말의 관점으로 인간 세상의 요지경을 묘사하며 평범한 상류사회의 풍자 소설을 넘어 예술의 경지로 올려놓았다고 평가받는다.

한국 문학에서는 〈사랑방 손님과 어머니〉를 꼽을 수 있겠다. 이 작품은 일반적으로 연애소설이 성인의 시각에서 표현되는 기존 문법을 깨고, 순수한 여섯 살짜리 꼬마 '옥희'의 시각으로 어른들의 사랑 이야기에 새롭게 접근한다. 엄마와 사랑방 아저씨의 행동이 도통 이해되지 않는 옥희, 그의 시선으로 그려낸 심리묘사와 상황묘사는 이 소설을 그냥 그런 진부한 사랑 이야기가 아닌 순수하고 애틋한 사랑 이야기로 끌어올리고 있다.

이처럼 '낯설게 하기'는 문학에만 적용되는 것이 아니다. 우리 일상에서 낯선 시각을 통한 접근은 언제나 유용하다. 대인 관계에서 비즈니스에 이르기까지 삶의 모든 영역을 쇄신해 줄 수 있다. 특히 생성형 AI 툴로 더욱 편리해진 요즘, 영상 크리에이터를 꿈꾸는 창작자라면 반드시 필요하고 적극적으로 개발해야 할 역량이다. 낯익은 시선, 자동화된 시선, 관습적인 시선을 뒤집는 새로운 시선의 또 다른 표현이 바로 '창의성'이기 때문이다.

박찬욱 감독의 대표작인 〈친절한 금자씨〉에서도 '낯설게 하기'를 확인할 수 있다. 영화의 흐름과 이질적인 연극 톤의 무거운 내레이션으로 관객의 몰입을 의도적으로 방해하고, 객관적인 눈으로 금자의 이야기에 관심을 갖게 만든다. 이처럼 몰입을 방해함으로써 관객에게 무감각해진 일상적 감각을 '느리게, 새롭게, 혹은 다르게' 경험하게 만들 수도 있다. 이처럼 이야기와 관객과의 거리를 조절해 흥미와 긴장감을 유발하는 것이다. 이를 구체적으로 살펴보면 다음의 몇 가지로 나눠볼 수 있다.

+

'낯설게 하기' 실전

1. 시각언어 관습의 전복

영상언어는 반복되는 구도와 색채, 조명, 사운드의 관습을 통해 관객에게 익숙함과 안정감을 준다. 그러나 예술적 혁신은 언제나 그 익숙함의 파괴에서 출발한다. '낯설게 하기' 방법 중 가장 흔한 것이 바로 '시각적 문법의 관습'을 깨뜨려 새로운 인식과 감정을 불러일으키는 연출 전략이다.

주요 전략

- **구도의 전복**: 인물이나 사물을 예상치 못한 위치나 각도에 배치하여 시선의 방향을 혼란시킨다.
- **색채의 불균형**: 따뜻하고 행복한 장면에 차가운 색을, 슬픔이나 불안을 표현할 때는 과도한 채도나 대비를 사용한다.
- **조명의 파괴**: 키 라이트 대신 백라이트나 언더 라이트를 강조해 그림자와 실루엣으로 감정을 전달한다.
- **소리의 부조화**: 영상의 정서와 어긋나는 사운드를 사용하여 관객의 불안감과 긴장감을 유도한다.

사례

- **〈기생충〉**: 반지하의 비와 빛, 수직적 구도는 사회적 격차를 시각화한 낯섦의 장치.
- **〈베를린 천사의 시**^{Wings Of Desire}**〉**: 천사와 인간의 세계를 흑백과 컬러의 대비로 전복.

2. 미장센을 통한 낯설게 하기

미장센^{mise-en-scène}은 카메라 프레임 안에서 인물의 위치, 배경,

조명, 소품, 의상, 색감, 공간 구조 등을 종합적으로 조율해 캐릭터의 내면과 세계관을 시각적으로 표현하는 장치이다. 일반적인 미장센은 이러한 요소들이 유기적으로 조화를 이루며 관객이 장면에 쉽게 몰입하도록 돕는다. 그러나 '낯설게 하기'의 미장센은 '조화'가 아닌 '충돌과 불협화음'을 통해 감정의 틈을 만들어낸다. 즉, 관객이 익숙하게 받아들이던 시각적 질서를 일부러 깨뜨려 불편함, 긴장감, 사유의 여백을 발생시키는 것이다.

주요 전략

- **공간의 충돌**: 따뜻한 가정의 거실에 산업 폐기물이나 낡은 금속 구조물을 배치하여 정서적 이질감을 만든다.

- **의상의 부조화**: 평범한 일상의 공간 속에서 인물이 시대착오적인 복장(예: 19세기 복식, 광택 나는 소재)을 착용해 현실과 환상의 경계를 흐린다.

- **색채의 긴장**: 주인공의 심리적 불안을 표현하기 위해 배경은 단조로운 파스텔 톤, 인물은 과도하게 원색적인 의상을 입혀 시각적 '이물감'을 강조한다.

- **공간 구도의 왜곡**: 세트나 소품을 비정상적인 비율로 배치하거나, 프레임의 균형을 일부러 깨트려 현실의 안정감을 무너뜨린다.

- **조명과 그림자의 분열**: 인물의 감정선과 반대되는 방향으로 조명을 주어, 내부와 외부의 괴리를 시각화한다(예: 슬픔의 장면에 과도하게 밝은 조명 사용).

- **소품의 상징화**: 일상적 사물에 철학적 의미를 부여한다.

이러한 방식으로 구축된 미장센은 관객이 장면을 단순히 '보는 것'이 아니라, "왜 이 공간이 이렇게 낯선가?"를 스스로 질문하게 만들며 인식의 전환을 유도한다. 즉, 미장센을 통한 '낯설게 하기'는 시각적 불협화음을 통해 감정의 무의식적 안정 구조를 흔들거나, '보여주는 것'을 넘어 '보이게 하지 않는 것'에서 의미를 생성함으로써 그 틈에서 새로운 해석과 사유를 만들어내는 예술적 장치인 것이다.

3. 캐릭터 시각화의 변주

영상 속 캐릭터는 단순히 이야기의 등장인물이 아니라, 시각적 상징 체계를 대표하는 기호적 존재이다. 따라서 '낯설게 하기'는 캐릭터의 외형, 행동, 그리고 그가 속한 공간의 재배치를 통해 구체적으로 구현된다. 이 전략은 관객이 캐릭터를 '인물'이 아니라 '의미를 가진 시각적 표상'으로 재인식하도록 유도한다.

① 신체적 낯섦 Physical Defamiliarization

비정상적 프레임 배치: 인물의 전신이 아닌 손, 눈, 발, 뒷모습 등 신체 일부만을 강조함으로써 관객의 시선을 흔들고, 인간의 정체성을 부분화된 시각적 단서로 해체한다.

예) 안드레이 타르코프스키Andrei Tarkovsky의 〈희생The Sacrifice〉에서는 인물의 뒷모습과 손짓만으로 내면의 절규를 표현함.

비대칭적 클로즈업: 얼굴 중심의 대칭 구도를 피하고 한쪽으로 치우친 앵글을 사용함으로써 불안, 고립, 혹은 권력 관계의 불균형을 암시한다.

예) 봉준호 감독의 〈기생충〉에서 반지하 인물은 종종 프레임 하단부에 배치되어 시각적 열등감을 상징함.

② 사회적 낯섦Social Defamiliarization

계급·직업의 반전: 평소 주변부로 그려지는 인물이 프레임 중심을 차지하거나, 권력층의 시선을 뒤집어 보여줌으로써 사회적 위계의 관습을 교란한다.

예) 이창동 감독의 〈버닝〉에서는 경제적 약자가 시점을 주도하며 관객의 동일시를 전복시킴.

의상과 공간의 불일치: 캐릭터의 신분과 공간을 의도적으로 어긋나게 연출해 시각적 모순을 만든다.

예) 화려한 드레스를 입은 인물이 폐허, 공장, 황무지에 등장하면, 그 부조화 자체가 자본과 현실의 괴리를 드러냄. 즉, 부유한 인물이 폐허 같은 장소에 존재하도록 연출함.

③ 심리적 낯섦Psychological Defamiliarization

내면의 불안 시각화: 색감(과도한 채도, 차가운 색조), 조명(언더 라이트, 스트로브), 사운드(불협화음, 음의 공백) 등을 활용해 심리 상태를 외부적 시각언어로 번역한다.

예) 니콜라스 윈딩 레픈^{Nicolas Winding Refn}의 〈드라이브^{Drive}〉는 인물의 고독을 붉은 네온과 저주파 사운드로 표현함.

침묵과 정지의 연출: 인물의 동작을 멈추거나 대사를 제거함으로써 감정의 '공간'을 만들고, 관객이 스스로 감정의 의미를 채워 넣게 한다. 이는 단순한 연출이 아니라 감정 경험의 주체를 관객에게 이양하는 미학적 장치이다.

예) 〈광해, 왕이 된 남자〉: 왕과 광대의 외양과 공간을 대조시켜 동일한 얼굴의 두 인물이 전혀 다르게 보이게 함.

〈조커〉: 메이크업과 조명, 구도를 통해 인간의 내면적 광기를 시각적으로 낯설게 드러냄.

4. 공간의 재해석: 장소의 의미 뒤집기

공간은 단순한 배경이 아니라, 인물의 내면과 감정, 그리고 시대적 무의식을 투사하는 스크린이다. 영화에서 공간은 언제나 이야기를 '지탱'하는 무대이자, 동시에 감정의 방향을 제시하는 심리적 장치로 작용한다. 그러나 '낯설게 하기' 전략에서는 공간을 단순한 무대나 배경으로 소비하지 않는다. 공간 자체가 서사의 전환을 일으키는 주체, 즉 '감정과 의미를 변화시키는 능동적 존재'로 등장한다. 이러한 공간은 인물과 관객 모두에게 익숙한 현실의 질서를 해체하며, 새로운 인식의 틀을 열어주는 촉매가 된다.

① **일상 공간의 탈맥락화** Decontextualizing the Familiar

학교, 병원, 집, 거리 등 누구나 익숙한 공간을 비현실적 조명, 사운드, 색감으로 재구성하여 '익숙한 낯섦'을 만든다.

예) 형광등 대신 붉은 조명, 생활 소음을 제거한 정적 사운드, 현실감이 사라진 클로즈업 구도 등.

→ 관객이 '익숙하다'고 믿던 공간이 낯설고 위태로운 심리적 공간으로 변모하는 경험을 하도록 유도함.

② **공간의 전치** Spatial Displacement

낮을 밤처럼, 실내를 실외처럼 연출하는 등, 시·공간의 질서를 전도시켜 심리적 불안을 시각화한다.

예) 실내에 인공 안개나 달빛 조명을 사용하여 꿈과 현실의 경계를 흐리게 함.

→ 현실적 규칙이 붕괴된 세계 속에서, 인물의 내면적 혼란이 공간 자체의 왜곡으로 드러남.

③ **공간의 은유화** Spatial Metaphorization

공간의 물리적 구조를 인물의 심리나 서사적 주제의 메타포(은유)로 치환한다. 공간의 물질성이 감정의 언어로 전환되며, 시각적 이미지가 철학적 의미를 갖는다.

- 비좁은 방 → 억압과 내면의 갇힘.

- 거울 → 자아의 분열, 자기 부정.

- 창문 → 탈출, 희망 혹은 미지의 세계로의 통로.

예) 〈**박하사탕**〉: 철교 위에서 "나 다시 돌아갈래!"라고 외치며 후진하는 장면은, 단순한 공간 이동이 아니라 시간의 역행을 공간적으로 형상화한 대표적 장면. '철교'라는 물리적 공간이 죄책감과 회귀의 내면 구조로 변모하며, 관객은 시간과 공간의 관계를 새롭게 인식하게 됨.

예) 〈**이터널 선샤인**Eternal Sunshine Of The Spotless Mind〉: 기억 속의 공간들이 무너지고 왜곡되며 사라지는 과정은 감정의 불안정성과 기억의 취약성이 물리적 공간의 해체로 표현됨. 현실과 환상의 경계가 흐려지며, 공간은 더 이상 '기억의 무대'가 아닌 감정의 해류 속에 잠긴 내면의 풍경이 됨.

5. 리듬과 편집의 낯섦

편집은 영화의 시간, 감정, 리듬을 지배하는 궁극의 조형 언어이다. 편집이 조율하는 리듬은 단순한 장면의 연결이 아니라, 관객의 심장 박동과 감정의 흐름을 직접적으로 제어하는 장치다. 일반적인 편집은 연속성과 몰입을 위해 시간의 논리적 흐름을 유지한다. 그러나 '낯설게 하기'의 편집은 이 질서를 흔들어 시간의 체험 자체를 해체하고, 관객이 익숙하게 받아들이던 '영화적 시간'을 새롭게 인식하도록 만든다. 즉, '편집의 낯섦'은 시간의 감각을 조작하여 감정적 충격을 확장하는 미학적 실험이다.

① **점프 컷**Jump Cut

동일한 장면 속에서 시간을 비연속적으로 잘라내어 행동의 논리적 흐름을 끊어내는 편집 기법이다. 인물의 심리적 불안, 내면의 단절, 시간의 왜곡을 표현하는 데 사용된다.

예) **장 뤽 고다르**Jean Luc Godard**의 〈네 멋대로 해라〉**: 인물의 일상적 움직임을 단속적으로 자르며 현실의 리듬을 해체함.

 → 관객은 자연스러운 '이야기의 흐름'이 아니라, 의식의 단편들을 경험하게 됨.

예) 〈2001: 스페이스 오디세이〉: 원시 인류가 던진 뼈가 우주선으로 전환되는 점프 컷은 수백만 년의 문명사를 한 프레임으로 압축한 시간의 비약. 관객은 '시간의 연속성'이 깨지는 그 순간, 인간 진화의 의미를 새롭게 사유하게 됨.

 → 낯섦의 미학이 시간과 문명의 개념 자체를 재정의하는 대표적 사례.

② **슬로모션 / 패스트 모션**Temporal Manipulation

현실 시간의 속도를 조작해 관객의 지각을 왜곡한다. 슬로모션은 감정의 순간을 '늘려서' 인식하게 만들고, 패스트 모션은 시간의 통제를 벗어난 혼란이나 불안을 강조한다.

예) **왕가위**王家卫 **감독의 〈중경삼림**重慶森林: Chungking Express〉: 슬로모션은 고독한 감정을 정지된 시간 속에 가두며, 반대로 빠른 몽타주는 도시의 소음과 정신적 공허를 극대화함.

③ **무음 편집**Silence Cut

소리를 완전히 제거하거나, 사운드의 논리적 연속을 깨뜨려 감각적 공백과 긴장감을 조성한다. 관객은 시각적 정보만 남은 상태에서 불안과 몰입을 동시에 느끼며, '소리의 부재'를 새로운 감정으로 인식하게 된다.

예) 〈**노인을 위한 나라는 없다**〉: 총격 직후 완전한 무음을 통해 폭력의 여운을 관객의 내면에서 체험하게 함.

예) 〈**라라랜드**〉: 음악의 리듬과 편집의 타이밍을 일부러 비동기화시켜, 현실과 환상의 경계를 흐리게 함. 특히 마지막 시퀀스의 편집은 실제와 상상의 서사가 뒤엉키며 시간의 주관적 체험을 만들어냄. '편집의 낯섦'을 통해 '기억의 시간'과 '현실의 시간'이 충돌하는 감정적 여운을 형성함.

앞서 살펴본 것처럼 '낯설게 하기'는 단순한 테크닉이라기 보다는 '새로운 사유'를 유도하는 미학적 접근에 가깝다. 낯섦은 불편함을 주지만, 그 불편함은 평소에는 생각해 보지 못했던 삶에 대한 새로운 사유의 시작을 열어주기 때문이다. 이러한 '낯설게 하기'는 비단 영화나 드라마뿐 아니라 리얼리티·예능·다큐멘터리에서도 강력한 표현 전략으로 쓰인다.

[낯설게 하기 방법]

구분	전략	표현 요소	효과	대표 사례
시각적 전복	구도·색채·조명 반전	화면 구성	인식의 전환	〈기생충〉
미장센	소품·색·구도의 불협화음	프레임 내부	감정의 낯섦	〈베를린 천사의 시〉
캐릭터 변주	신체·사회·심리의 비일상화	외형 / 행동	정체성의 재해석	〈광해〉
공간 재구성	장소의 전치·탈맥락	배경	의미의 재발견	〈박하사탕〉
편집 리듬	점프 컷·슬로모션	시간, 순서	지각의 혼란	〈2001: 스페이스 오디세이〉

[VISION+@] 일곱 번째 성공 비법: '**VISION**'에 날개를 다는 +@

성공적인 영상 제작의 일곱 번째 비법은 바로, '비전'과 결합해 영상 제작 과정에 날개를 달아줄 '생성형 AI'툴이다. 콘텐츠 기획부터 스토리와 비주얼 전략까지, 영상 제작의 전 분야에서 성공으로 가는 핵심 개념을 정리한 '비전'! 여기에 AI 툴이 적용되면서 영상 제작의 주체가 영상 전문가에서 제작 경험이 전혀 없는 일반 대중으로 확대되는 것은 시간문제다.

물론 속도와 비용 측면에서 그 가능성이 어디까지 확장될지는 지금 이 순간에도 실시간으로 갱신되고 있다. 그러나 영상 제작에 대한 기본 이해 없이 섣부른 적용이나 비용 절감만을 위한 도입은 오히려 대중들로부터 외면받을 수 있다.

+

생성형 AI로 더욱 초개인화되고 기민해진
'브랜드 스토리'

가장 앞서 적용되고 있는 분야는 광고 영역이다. 광고는 짧고 강력한 시각적 자극으로 구성되는 콘텐츠 특성상 일찍부터 AI 기술을 적용해 왔다. 특히 젊은 시절의 배우 윤여정의 모습으로 관객들의 이목을 집중시켰던 KB라이프생명의 광고는 레트로풍의 자연스러운 스토리텔링 방식으로 거부감 없이 관객에게 좋은 평을 받았다.

그러나 모든 광고가 관객에게 긍정적으로 받아들여지는 것은 아니다. 기술적 미완성으로 로봇이나 인공적 생성물이 불편한 감정을 주는 '언커니 밸리Uncanny Valley(로봇·CG 캐릭터가 매우 사실적이지만 완전히 인간 같지는 않을 때 불쾌감·혐오감을 유발하는 현상)'이론을 언급하지 않더라도, 브랜드와 관객이 소통하는 전체 커뮤니케이션 맥락 속에서, AI 모델이나 기술을 활용해야 하는 타당한 이유와 공감대―즉, 진실성―가 있을 때 비로소 성공할 수 있다고 전문가들은 분석한다.

대표적인 실패 사례로는 2025년 미국판《보그》지에 실린 의류 브랜드 '게스'의 AI 광고모델 '비비안'의 케이스다. 얼핏 보기에 자연스러운 인간 모델과 유사해 보이는 이 광고에서 소비자들은 의외의 지점에서 공감하지 못했다. 바로 '내가 이제는 실존하지 않는 AI 모델에게까지 비교를 당해야 하나?'라는 것이었다. 이는 여성의 외모, 특히 몸매에 대해 과도한 사회적 요구와 관심에 스트레스를 느끼는 여성들의 마음을 이해하지 못했기 때문이다.

이에 비해 기술과 스토리텔링 모두에서 소비자들에게 박수를 받은 광고 사례가 있다. 바로 2023년 코카콜라의 광고인데, 다양한 미술 작품이 전시된 미술관의 한 미술학도가 코카콜라를 그림 속 인물들에게 건네는 것이 이야기의 핵심이다. '스테이블 디퓨전'이라는 AI 모델을 활용해 유명 명화와 데이터를 딥러닝시켜 훌륭한 비주얼적 도전을 성공으로 이끌었다.

그러나 이 광고의 진정한 성공 포인트는 바로 AI를 보조 도구로 활용했을 뿐, 인간의 창의성에 '+알파'를 구현해 냈기 때문이다. 뭉크, 고흐, 앤디 워홀 등 다양한 그림풍에 어울리는 모습으로 변신하는 코카콜라의 비주얼과 그림 속 인물들의 모습에서 인간과 예술에 대한 존중이 느껴진다는 것이다. 인간을 위협하고 대체하는 것이 아니라 인간의 창의성에 대한 찬사를 표현하는 AI 기반 광고, 우리는 이 광고에서 어떻게 생성형 AI 기술을 활용할지에 대한 모범 답안을 얻게 된다.

＋

AI 콘텐츠가 넘어서야 할 벽, '진정성'

전문가들은 두 광고의 성공과 실패를 가른 핵심 요인으로 '신뢰성'을 지목한다. 최근 마케팅·광고 전문 매체에서 인용된 미국 소비자 설문조사 결과, 소비자의 71%는 AI 생성 이미지나 콘텐츠의 신뢰성에 우려를 표하고, 83%는 AI 생성 콘텐츠에 법적 표시 의무가 필요하다고 응답했다, 이 수치는 소비자가 'AI인지 아닌지'를 중요하게 생각하며, 정보 비대칭에 민감하게 반응한다는 것을 반증하는 것이다.

즉, 생성형 AI는 소비자인 관객의 마음을 얻기 위한 하나의 수단일 뿐 그 자체가 무비판적인 목적이 될 수 없다는 것이다. 소비자와 일상 속에서 경험을 공유하고, 온라인 공간 전반의 맥락까지 아우르며 '진정성'을 전달할 수 있을 때, 'AI 기술'은 비로소 영상 창작자에게 날개를 달아줄 치트키가 될 수 있다. 그러나 이러한 맥락을 무시한다면, 그 기술은 오히려 독이 되기도 한다.

이는 영화나 드라마 역시 마찬가지다. 기술 자체의 완성도 보다는 AI 기술로 구현한 스토리와 AI 기술을 통해 확장시킨 비주얼이 관객들로부터 인정받을 때 진정한 우리의 창작 무기로 기능할 수 있을 것이다.

AI와 인간 서사의 공존

성공적인 영상의 구조는 단순한 기교의 집합이 아니다. 시청자의 인지적·정서적 경험을 깊이 이해하고, 이를 기획 단계에서부터 전략적으로 설계하는 치열한 과정이다. 다시 말해, 성공적인 영상의 구조는 이론적 모형에 머무는 것이 아니라, 실제 현장에서 반드시 따라야 할 규칙이다. '후크'로 시청자를 붙잡고, 30초 안에 핵심 가치를 제시하며, 후반부에는 보상과 반전으로 끝까지 끌고 가야 한다.

영상 제작자가 기억해야 할 핵심은 단순하다. 좋은 장비가 아닌, 좋은 설계가 영상을 성공시킨다. '낯선 영상'은 시청자의 시선을 붙잡고, '스토리의 가치'는 관객이 투자한 시간을 정당화하며, '보상과 반전'은 지속적 몰입을 보장한다. 본문에서 강조한 '메시지-타깃-형식'의 삼각 구도는 이 과정을 구조적으로 뒷받침한다.

결국 '좋은 영상'이란 기술적으로 완벽한 결과물이 아니라, 시청자의 마음속에서 '끝까지 보고 싶다'라는 욕구를 불러일으키는 '경험', 그 자체라 할 수 있다. 이 과정을 충실히 따른다면, 일반인 제작자와 전문가 모두가 생성형 AI 시대에도 여전히 대중의 마음을 움직이는 영상을 만들어낼 수 있을 것이다.

AI가 영상 산업을 변화시키는 것은 불가피하다. 그러나 영상의 가치가 '기술'에서 '서사'로 이동한다는 사실은 점점 더 분명해지고 있다. 영화, 광고, 다큐멘터리의 모든 사례가 보여주듯, 관객이 기억하는 것은 '시각적 기술'이 아니라 인간적 경험과 가치가 담긴 이야기다. 향후 전망은 두 가지 축으로 정리할 수 있다.

- **기술적 확장성**: AI는 창작자의 상상력을 실현할 수 있는 새로운 도구
- **서사의 본질성**: 관객에게 의미를 전하는 것은 언제나 이야기이며, 이는 인간 고유의 창조 행위로 남음

따라서 AI 시대의 영상 창작자는 기술과 서사를 이원적으로 나누는 것이 아니라, 양자를 통합적 감각으로 다루어야 한다. 결국 AI는 도구이고, 이야기는 본질이다. AI가 아무리 발전하더라도, 영상 스토리텔링이야말로 영상 콘텐츠의 심장부로 남을 것이다. 또한 AI 시대의 영상 스토리텔링은 단순히 창작자의 몫을 넘어 사회적 책임이 강조되고 있다.

가짜뉴스나 조작된 영상이 확산되는 환경에서, 진실성과 윤리적 내러티브를 기반으로 한 스토리텔링은 신뢰를 구축하는 핵심이 될 것이다. 결국 AI 시대의 영상 제작은 '기술의 진보'와 '이야기의 힘'이 균형을 이룰 때 비로소 진정한 가치를 창출할 수 있다. 이제 영상 스토리텔링은 단순한 장식이 아니라, AI가 만들어내는 무수한 이미지 속에서 사람들의 감정을 연결하고 시대적 공감을 이끌어내는 핵심 동력이자 창작의 본질로 새롭게 자리매김하고 있다.

3장

AI 영상 생성, 초보라도 무서울 것 없다

이미지 생성의 최강자, 미드저니

미드저니는 사실적인 표현부터 예술적인 스타일에 이르기까지, 영역을 가리지 않고 품질 좋은 영상을 만들어주는 범용성 높은 툴로 평가받는다. 여타 프로그램에 비해서도 디테일이 뛰어난 편이며, 표현력과 창의력이 훌륭해 분위기 있고 독창적인 결과물을 얻기 좋은 모델이다.

간단한 프롬프트 입력만으로도 상당한 수준의 작품을 얻을 수 있기에, 콘셉트 설정이나 브레인스토밍 등 아이디어 도출에 유용하다. 또한 세부 조정을 어떻게 하느냐에 따라 굉장한 전문가용 툴이 될 수도 있다. 설정을 딱히 건드리지 않더라도 구도, 색채 대비, 원근감 등을 적당히 잡아주기에 초보자라 해도 쉽게 다룰 수 있다. 이러한 요소들에 지식과 통찰 및 감각이 있는 사람이 역량을 발휘해 의미 있는 값을 상세히 입력해 주면, 인간의 창작물 못지 않게 예술성 높고 감각적인 작품을 뽑아낼 수 있다.

미드저니는 디스코드와 웹에서 사용이 가능하다. 최초 가입을 구글 계정으로 하면 디스코드에서 사용할 때 문제가 발생할 수 있으므로, 웹 버전을 사용하더라도 디스코드 계정을 쓰는 것이 권장된다. 유료 구독은 필수이다. 한 달에 10달러를 내고 최대 200장의 이미지를 생성할 수 있는 베이직 플랜으로 입문하는 것이 보통이다.

구독을 하면 Create 페이지에서 프롬프트를 입력할 수 있다. 프롬프트 하나당 이미지 네 장이 생성되며, 적절한 결과물이 없을 경우 프롬프트 영역에 마우스 커서를 올리고 '재시도'를 클릭하면 새로운 작업이 시작된다.

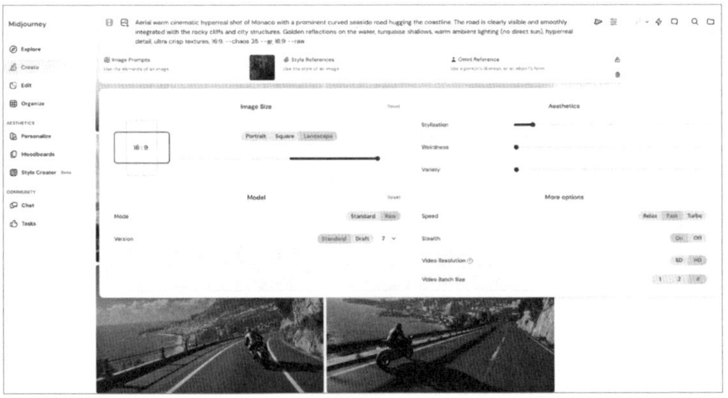

그렇게 받은 이미지 중 사용할 것을 클릭해 상세 보기 모드로 들어가, Upscale / Subtitle을 클릭하면 해상도 높은 결과물을 얻을 수 있다.

Subtitle 옆의 Creative, 즉 Upscale / Creative는 해상도를 높이는 것은 동일하되, 내용물이 변경될 수 있다. 단, 현재 이미지를 기반으로 하는 작업이므로 결과물의 방향성이 완전히 달라지진 않는다. 디테일을 많이 바꾸고 싶다면 Upscale 바로 위에 있는 Vary Subtitle / Strong 버튼을 이용해야 한다. Subtitle과 Strong의 차이는 변형의 정도다. Strong 쪽이 훨씬 많이 변한다.

프롬프트는 미드저니의 AI 모델에 내리는 명령어다. (그림에) 무엇무엇을 담아 내라는 지시 사항이라 생각하면 이해가 쉽다. 'man, morning, walking, city'와 같은 식이다. 프롬프트가 상세할

수록 제작자의 의도가 반영되기는 쉽지만, 명령이 지나치게 길고 복잡한 것은 좋지 않다. AI가 어떤 단어에 비중을 두며 부각해야 할지를 혼동할 위험이 있어서다. 반드시 들어가야 할 내용만 최대 5~6개 정도 추려서, 형용사와 부사를 활용해 분명히 짚어주는 정도가 좋다. 그럼에도 단번에 원하는 이미지를 얻어내기는 쉽지 않은 만큼, 프롬프트를 이모저모로 바꿔보며 입력을 반복해 보는 것이 권장된다.

프롬프트를 입력할 때엔 파라미터도 병행해 사용해 주면 원하는 결과를 도출해 내기가 보다 용이해진다. 프롬프트 끝에 입력하며, 여러 파라미터를 동시에 넣는 것도 가능하다. 'man, morning, walking, city, --no tree'라고 입력하면 결과물에 나무는 일절 등장하지 않는 식이다. 미드저니에서 흔히 쓰는 주요한 파라미터는 다음과 같다.

파라미터	짧은 형태	기능	가능한 값
종횡비 (Aspect Ratio)	-ar	이미지의 가로세로 비율을 변경 기본값은 정사각형(1:1)	예: 1:1, 2:3, 16:9 등 자유 설정
혼란도 (Chaos)	-c	이미지 결과의 변화를 증가, 높은 값은 더 독창적인 결과를 생성	0~100
캐릭터 참조 (Character Reference)	-cref	동일한 캐릭터를 여러 이미지와 장면에서 사용	N/A(이미지 참조와 함께 사용)
제외 (No)	-no	특정 콘텐츠를 이미지에서 제외	N/A (예: -no hands)
개인화 (Personalization)	-p	개인화된 프로필과 무드보드를 통해 맞춤 스타일 생성	N/A(프로필 ID와 함께 사용)
품질 (Quality)	-q	이미지 디테일과 처리 시간 조정	Half, Base, High
반복 (Repeat)	-r	단일 프롬프트로 여러 이미지 세트 생성	N/A(예: -r 2로 2세트 생성)
시드 (Seed)	-seed	테스트 및 실험용 동일 시드는 유사한 결과를 생성	임의의 정수
중단 (Stop)	-stop	이미지 생성을 중간에 중단 부드럽거나 독특한 외관 생성	0~100 (예: -stop 50)
원시 모드 (Raw Mode)	-raw	V7에서 더 많은 제어 가능 원시 스타일 적용	N/A
스타일화 (Stylize)	-s	이미지의 예술적 느낌 조정	0~1000 (V5 기본값 100)
스타일 참조 (Style Reference)	-sref	다른 이미지의 느낌과 스타일 매칭	N/A(이미지 참조와 함께 사용)
타일 (Tile)	-tile	반복 가능한 패턴 생성	N/A
버전 (Version)	-v	미드저니 모델 버전 선택	4, 5, 6 등

파라미터	짧은 형태	기능	가능한 값
비디오 (Video)	-video	디스코드에서 이미지 생성 과정을 짧은 클립으로 생성	N/A
기묘함 (Weird)	-w	이미지를 기묘하고 독특하게 만듦	0~3000
빠른 모드 (Fast Mode)	-fast	GPU 속도를 빠른 모드로 전환	N/A
이미지 가중치 (Image Weight)	-iw	이미지 프롬프트의 영향을 텍스트 프롬프트에 비해 조정	0~2 (V5 기본값 0.5)
느린 모드 (Relax Mode)	-relax	GPU 속도를 느린 모드로 전환	N/A
터보 모드 (Turbo Mode)	-turbo	GPU 속도를 터보 모드로 전환	N/A
니지 (Niji)	-niji	애니메이션과 동양 미학에 초점을 맞춘 모델 사용	1~5(예: -niji 5)
스텔스 모드 (Stealth Mode)	-stealth	미드저니 웹사이트에서 이미지 생성 비공개	N/A
공개 모드 (Public Mode)	-public	미드저니 웹사이트에서 이미지 생성 공개	N/A
초안 (Draft)	-draft	V7에서 GPU 비용의 절반으로 초안 이미지 생성	N/A

생성 후 저장한 이미지는 좌측 메뉴 중 Organize 항목에서 정리할 수 있다. 제작한 이미지는 기본적으로 다른 사용자들과 공유된다. 즉, 다른 유저도 Explore 페이지를 이용하면 내가 만든 작품을 별다른 제약 없이 관람할 수 있다. 스텔스 모드를 활성화하면 비공개 전환이 가능하나, 이는 Pro 이상 구독 플랜에서만 선택

할 수 있는 옵션이다. 또한 스텔스 모드를 적용하더라도 생성된
이미지는 미드저니 서버에 저장될 뿐더러, AI 모델의 학습에도
이용될 수 있다.

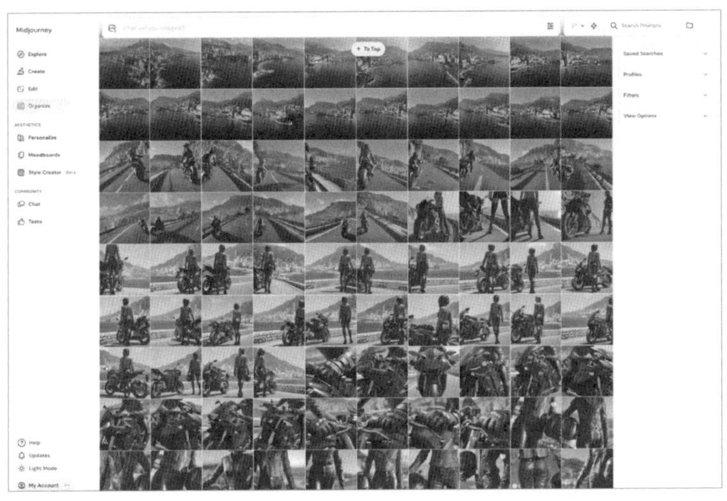

　다른 유저가 Explore 페이지에서 나의 작업물에 접근할 수 있
다는 것은, 반대로 말하자면 나 역시 여타 창작자가 생성한 이미
지를 둘러볼 수 있다는 의미이기도 하다. 심지어 이미지를 클릭
할 경우 그것을 생성하기 위해 어떤 프롬프트를 입력했는지도 확
인할 수 있다(단, 프롬프트를 입력하지 않고 '참고 이미지'만을 활용해
생성한 작업물은 프롬프트가 보이지 않을 수도 있다). 이러한 프롬프트
는 복사 또한 자유롭기 때문에, 새로운 창작에 응용하는 것 또한
어렵지 않다.

Explore 메뉴에선 모든 이미지를 훑어볼 수 있을 뿐더러, 검색
창에 특정 키워드를 입력해 그것이 포함된 결과물만 골라내는 것
도 가능하다. Explore에서 발견한 작품 중 마음에 드는 것은 이미
지 우하단에 있는 하트 모양 버튼을 클릭하면 나의 'Like' 탭에 저
장된다.

일관성까지 꽉 잡은 미친 모델, 나노 바나나2

생성형 AI로 '이미지'만을 제작하는 단계를 넘어, 실제 '영상'을 구현하고자 할 경우 나노 바나나2(구글 Gemini 2.5 Flash Image 기반)를 활용할 수 있다. 나노 바나나2는 기존 이미지 생성만 지원하던 AI에서 진화하여, 이미지와 텍스트 프롬프트를 함께 입력하면 다양한 편집과 변형이 가능한 멀티모달 AI이다.

나노 바나나2로 영상 AI 창작 시작하기

나노 바나나2는 웹이나 앱에서 바로 접속하여 이용할 수 있으며, 대화하듯 이미지나 장면 변경을 요청할 수 있다. 예를 들어, 특정 이미지를 업로드한 후 "이 장면에 인물 2명을 추가해 줘" "이제 장면을 밤으로 바꿔줘" 등 자연어로 지시하면 즉시 반영된다.

생성된 이미지는 일관성이 높아, 연속된 여러 이미지를 활용해

외부 영상 편집툴(예: Premiere Pro)에서 프레임을 모아 애니메이션 영상으로 제작할 수 있다. 나노 바나나2는 무료로 사용 가능하며, 고해상도 이미지와 다양한 레이아웃·텍스트 배치·일관성 있는 캐릭터 생성 등 최신 수준의 기능을 제공한다.

나노 바나나2를 적용한 영상 제작 프로세스

먼저 나노 바나나2에서 여러 장면(이미지)을 프롬프트로 연속 생성한다. 각 프레임(이미지)을 시간 순서대로 영상 편집툴에 배치하여 영상화하는 방식이다.

이미지뿐 아니라 간단한 움직임이나 변화 내용을 텍스트 프롬프트에 명확히 입력하면, 배경·등장인물·오브젝트의 변화가 반

170

영된 이미지를 순차적으로 생성할 수 있다. 최종적으로 영상이 자연스럽게 연결되도록 연출 의도를 프롬프트에 구체적으로 명시하는 것이 결과물 품질을 좌우한다.

스토리보드를 대체하는 프롬프트 활용 팁

"아침 숲에서 캐릭터가 걷는다" → "같은 캐릭터가 느긋하게 하품한다" → "나무 사이로 햇살이 비친다"처럼 장면별 프롬프트를 연이어 작성하면, 에피소드별로 일관된 소재·분위기·움직임을 가진 이미지 시퀀스를 쉽게 확보할 수 있다.

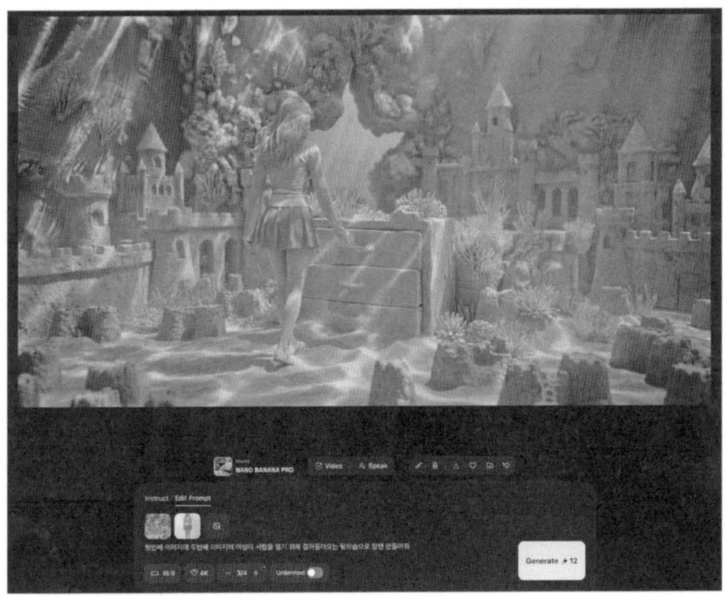

텍스트와 이미지를 함께 입력할 수 있어, 미드저니와 같은 이미지 툴에서 생성한 이미지를 기반으로 재창작하거나, 나노 바나나2의 텍스트만으로 프레임 시퀀스를 구성할 수도 있다.

한계와 주의사항

아직 나노 바나나2는 고도의 서사나 촬영 각도를 자동으로 조절하는 수준에는 이르지 못했으며, 사용자가 세밀한 프롬프트 지시와 장면 연결을 직접 제어해야 한다.

완전히 동적인 영상 AI 생성은 런웨이(Gen-3 / Gen-4) 등 전문 툴에 비해 모션 자동화 수준이 낮으나, 이미지 일관성과 대화형 편집에서는 강점을 보인다.

결론적으로, 나노 바나나2는 프레임별로 일관된 이미지를 신속하게 생성할 수 있어 AI 기반 영상 실험이나 기획 단계에서 매우 유용하다. 완성도 높은 영상물 제작을 위해서는 기존 영상 편집 소프트웨어와 병행하는 것이 효과적이다.

이미지 한 장으로 15장의 콘티가 후루룩! 믹스보드

믹스보드Mixboard는 구글이 개발한 AI 기반 콘셉트 보드이자 아이디어 시각화 플랫폼으로, 텍스트 프롬프트만으로 다양한 이미지를 생성·조합·편집할 수 있는 도구이다. 특히 디자이너, 콘텐츠 제작자, 마케팅 기획자 등이 시각적 아이디어를 신속하게 구상하고 발전시키는 데 최적화되어 있다.

주요 기능 및 특징

텍스트 프롬프트로 무드보드를 완성할 수 있다. 한 줄의 설명만으로 관련된 다양한 이미지를 자동 생성한다. 예를 들어 "북유럽풍 아늑한 거실"과 같이 입력하면, 분위기와 스타일에 맞는 인테리어, 소품, 색상, 타이포그래피가 포함된 무드보드가 즉시 생성된다.

생성된 이미지에 요소 추가·제거, 재생성, 컬러톤 변경, 오브젝트 합성 등의 수정 및 편집이 가능하다. 여러 이미지를 선택해 합치거나, 개별 이미지 요소를 자유롭게 이동·수정할 수 있다.

외부 이미지도 활용할 수 있다. 포토샵처럼 직접 이미지를 업로드하여 작업할 수 있으며, 드래그&드롭으로 사진·일러스트·로고 등을 무드보드에 올려 혼합·편집이 가능하다.

나노 바나나(제미나이) 이미지 모델과 연동되어 AI 기반 일관성을 제공한다. 동일한 캐릭터·스타일을 시리즈 형태로 생성하는 등 높은 일관성을 유지한다.

공유 기능이 뛰어나 팀 단위 브레인스토밍, 교육용 콘셉트 기획 등에 적합하다. 실시간 의견 반영과 공동 편집이 지원된다.

활용 예시

브랜드, UX / UI, 제품, 아트웍, 영상 기획 등 다양한 분야에서 초기 아이디어의 시각화 및 무드보드 제작에 활용할 수 있다.

패션, 인테리어, 광고, 촬영 콘셉트, 로고, 마케팅 캠페인 등 다양한 프로젝트에서 사용 가능하며, 기획 회의 시간과 디자인 탐색 비용을 획기적으로 절감할 수 있다.

사용 방법 개요

먼저 믹스보드 웹페이지(labs.google.com/mixboard)에 접속하여
새 프로젝트를 생성한다. 프롬프트 창에 원하는 분위기·콘셉트·
아이디어를 간결하게 입력한다. 생성된 무드보드를 확인하며, 필
요시 이미지를 추가 생성·수정·배치한다. 완성된 보드는 다운로
드하거나 실시간으로 공유할 수 있으며, 팀원과 협업하여 수정도
가능하다.

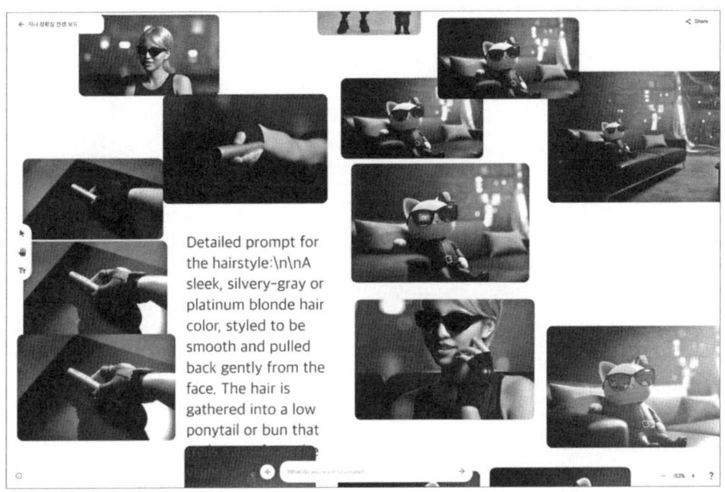

기타 장점

복잡한 프롬프트나 전문 지식 없이도 직관적으로 사용할 수 있
다. 무료로 제공되며, 상업적 목적으로도 제한 없이 이용 가능하

다. 추후 업데이트를 통해 동영상 생성 등 멀티모달 확장이 예정
되어 있다.

　결론적으로, 믹스보드는 직관적인 UX와 강력한 AI 기능을 결
합하여 아이디어 탐색부터 무드보드 완성까지의 과정을 혁신적
으로 단축하는 시각화 도구이다.

4장

실전에서 배운다, 생성형 AI 영상 제작 사례

첫 번째 사례, 〈봉혈기〉

'봉혈기'는 동아방송예술대학교 영상제작과(지도교수 한선옥)가 지난 2024년 2학기에 AI 콘텐츠 제작사 '무암'과 함께 한국 전래동화와 현대문학을 생성형 AI로 재해석한 작품이다.

프로젝트Project, 문제 해결Problem, 결과물Product을 결합한 P³BL 교육방식을 바탕으로, 학생들이 실제 산업 프로젝트에 참여해 AI 창작의 전 과정을 경험하도록 구성했다. 프로젝트는 무암의 'AI 잔혹동화' 시리즈와 연계해, 학생들에게는 작가 이상李箱의 작품 중 영감을 주는 소설이나 시를 골라 이를 동화로 구성하도록 했다.

학생들 대부분은 3학년으로 영상 제작에 대한 경험은 있었지만, 생성형 AI로의 제작은 처음 도전했다. AI 툴을 이용해 문학적 감정을 시각적 언어로 재구성하며, 비주얼 보드와 스토리보드를 직접 제작하도록 했다. 팀 규모는 4~5명이다.

AI 워크플로

---

1. 콘티 및 시각 설계

• 실제 콘티 내용

카메라의 화각, 앵글, 조명 등 영상의 자연스러운 연결성을 중점으로 컷

작업

2. 이미지 생성(미드저니)

• 완성된 콘티를 바탕으로 미드저니를 활용하여 컷별 이미지를 생성.

• 이때 프롬프트는 GPT를 활용하며 번역, 수정 / 미드저니의 Shorten 기

능으로 적용되는 명령어 확인

• Remix 기능으로 톤 앤 매너를 유지

• 디테일한 부분수정

3. 매치 컷 및 연속성 편집(Photoshop AI)

• 미드저니 결과물 간 인물 위치나 표정의 불연속을 보완하기 위해 포토샵

의 Generative Fill 및 AI 확장 기능을 사용

• 프레임 간 자연스러운 전환을 위해 매치 컷[match cut] 형태로 시각적 연결을

설계

4. 영상화(클링 AI)

- 포토샵에서 보정된 컷들을 클링Kling AI를 통해 애니메이션화

- 카메라 무빙의 연결성을 중점으로 작업(예: 카메라가 오른쪽에서 왼쪽으로

  가면 다음 컷도 움직임 유지)

5. 편집 및 색보정(Premiere Pro)

- 전반적인 색 온도 및 톤의 불일치를 해소하기 위해 흑백 톤으로 통일

6. 사운드 디자인(Pro Tools)

- 프로툴Pro Tools을 사용하여 사운드 디자인

- 퀄리티 상승을 위해 박자 위주의 리드미컬한 장면 전환이 가능한 음향 /

  음악 편집

7. 최종 마무리(자막 및 완성본)

- 프리미어에서 자막을 삽입

두 번째 사례, 영화 〈젠플루언서〉

최근 국내에서 생성형 AI 영상 콘텐츠를 가장 활발히 생산하는 제작사로는 '무암'을 빼놓기 어렵다. 업계에서는 첫손에 꼽히는 곳으로 평가받는다.

무암은 지난 2020년 11월 문을 연 이래 'AI 잔혹동화' '스티커' 등 생성형 AI를 활용한 영상 콘텐츠를 다수 제작해 왔다. AI 기술을 창작 전반에 통합하며 새로운 제작 생태계를 확장한 공로를 인정 받아 '2025 ICT기금 넥스트 어워즈'에서 과학기술정보통신부 장관 표창을 받기도 했다. 현재는 생성형 AI를 활용해 영화 콘텐츠인 〈삭제된 소년〉과 〈젠플루언서〉를 제작 중이다. 특히 〈젠플루언서〉는 현실의 배우와 가상 인물이 함께 등장하는 작품으로, 한국 AI 영화 업계에선 최초의 시도이며, 세계적으로도 전례가 많지 않다.

생성형 AI를 활용한 영화 제작은 전통적인 문법과 다소 차이가 있다. 물론 닮은 데가 전혀 없이 완전하게 다르다고까지 말하기는 어렵지만, 전반적인 궤가 어느 정도 다른 것만큼은 분명한 사실이다. 특히 제작의 '속도감' 부분에선 양자 간의 차이가 특히나 극명한 편이다. 그렇기에 생성형 AI로 영상 콘텐츠를, 특히 드라마나 영화 등 비교적 장편인 '롱폼'을 만들고자 하는 제작자라면, 설령 이미 일반적인 영상 제작 관련한 지식과 감각이 있다 하더라도 별도로 공부를 해 둘 필요가 있다. 그러한 고로 여기에서는 무암의 〈젠플루언서〉 작품을 인용해 생성형 AI 영상 제작 과정에서의 특징과 주안점을 소개해 보겠다.

무암이 생성형 AI를 활용해 영화를 제작하기에 앞서 가장 먼저 수행하는 작업은, 시나리오를 세 가지 파트로 쪼개 구분하는 것이다.

- **실사 장면**: 배우가 직접 연기하고 카메라로 촬영하는 전통적인 방식
- **하이브리드 장면**: 실사 촬영본에 AI를 접목해 인물을 만들거나 장면을 연출하는 방식
- **풀 AI 장면**: AI를 전적으로 활용해 모든 요소를 만들어낸 장면

이 과정에서 가장 중요한 것은 감독을 비롯한 실사 촬영에 참여하는 스태프들과 AI를 담당하는 팀원들이 합을 맞추는 것이다.

시나리오를 바탕으로 장면을 일일이 짚어가며 세세하게 분석하고 논의하는 공정이 필수적이다. 상세한 일정은 다음과 같다.

■ 작업 일정

- 9/1: 〈젠플루언서〉 전체 회의 - 시나리오와 씬 리스트 회의
- 9/2: 감독님과 AI 팀 회의 - 장면별 연출 콘셉트 공유와 테크니컬 회의
- 9/3~9/5: 영화 장면 구분(실사 / 하이브리드 / 풀 AI) & 풀 AI 장면 테스트 작업(오프닝 씬)
- 9/8~9/12: 풀 AI 장면 테스트 작업 & 인물학습 사진 촬영
- 9/10: 하이브리드 장면 제작을 위한 실사 팀과 AI 팀 협업 관련 회의
- 9/15~9/19: AI 팀 추가 팀원 합류, 총 6인 / 실사 촬영에 필요한 AI 소스 작업
- 9/19: 특수분장 인물들 학습용 사진 촬영(이진의 흉터, 아이돌 지나, 할머니, 의상 학습)
- 9/23: 실사 팀 크랭크인 (총 6회차)
- 9/23~10/01: 풀 AI 장면 이미지 생성 작업 시작
- 10/2~10/10: 실사 촬영본 소스로 하이브리드 장면 테스트 작업
- 10/10: 감독님과 AI 팀 회의 - 작업한 풀 AI 장면 이미지, 하이브리드 씬 테스트에 대한 회의
- 10/13~10/23: 풀 AI 장면 영상화 작업 시작

- **10/24**: 풀 AI 장면 영상화 작업 완료 및 편집 감독님 공유 → 실사
와 풀 AI 전체 편집본 작업

- **10/27**: 편집 기사 작업 완료 하이브리드 장면 AI 팀에 공유 → 하이
브리드 장면 AI 작업 시작

- **10/27~11/14**: 하이브리드 장면 작업 완료

- **11/14**: 〈젠플루언서〉 1차 전체 편집본 시사

- **11/17~11/28**: AI 수정 및 완료

- **12/01~12/15**: 영화 후반 작업 및 완료

- 2026년 영화 개봉을 위한 작업 후 개봉 예정

이른바 '크랭크인'에 앞서, 아이디어 발제와 기획 회의로 첫 발걸음을 떼는 것은 생성형 AI 영상이나 전통적인 영화나 크게 다르지 않다. 씬&컷 리스트를 짜며 주요한 배경이 될 로케이션을 직접 답사하는 것도 기존의 제작 방식과 상당 부분 흡사하다. 다만 생성형 AI를 활용해 영상을 만들 때는 '공간 학습용 촬영'을 한다는 점이 특별하다. AI가 빅데이터를 수집하고 분석해 모종의 결과물을 내어놓는다는 것은, 달리 말하자면 배움의 근간이 될 만한 자료가 있어야만 원하는 답을 얻어낼 수 있다는 의미이기도 하다. 그렇기에 '학습의 재료'를 공급하는 작업은 반드시 필요할 수밖에 없다.

무암이 〈젠플루언서〉 제작에 본격적으로 돌입한 것은 2025년 9월 1일이었다. 보다 정확히는 '영상 제작을 위한 협업'의 첫 걸음을 뗀 시점이다. 무암은 이날 현해리 감독을 비롯한 프로듀서, 제작실장, 라인 PD, 조감독, PM, AI 팀 등 〈젠플루언서〉 제작에 연관된 인원이 모두 모이는 전체 회의를 열어 시나리오 수정 및 이에 기반한 씬 리스트 업데이트를 진행했다.

가장 먼저 착수하는 작업은 풀 AI 씬 파트다. 풀 AI 장면은 말 그대로 AI만을 활용해 완성한다. 실사 촬영팀이 장소를 구하고 배우를 캐스팅하듯 AI 팀 또한 비슷한 과정을 거친다. 장면의 감정과 콘셉트를 사전에 설계하고 그에 맞는 가상 공간, 인물, 움직임을 AI로 만들어내는 것이다.

시나리오를 바탕으로 감독의 각 장면별 연출 의도를 공유하는 과정을 우선 거친다. 다음 단계에서 콘티를 짜며 구도와 감정선 등을 설정한다. 참고할 만한 비주얼 레퍼런스를 리서치하는 과정 또한 거친다.

풀 AI 장면을 만드는 공정에서 제일 중요한 과정으로 손꼽히는 부분은 '학습 재료 마련'이다. 학습을 위한 인물과 공간 사진을 촬영해 AI를 교육하는 밑거름으로 쓴다. 이를테면 인물의 경우 실제 배우의 얼굴을 360도 전면부 각도는 물론, 하이앵글-아이레벨-로우앵글 등 다양한 구도와 레벨로 촬영하는 과정을 거쳤다. 무암은 런웨이 Act 2 애니메이션 툴을 활용해 주연인 배윤경 배우의 특수분장을 학습하고 재구성하는 방식으로, '지나'와 '이진'이라는 두 캐릭터를 단 한 사람의 기반으로 창조하였다. 주인공급 배우의 얼굴뿐 아니라 조연, 단역 등도 마찬가지다. AI가 적용되는 장면에 등장하는 캐릭터라면 모두가 학습용 사진 촬영이 필수적이다.

더불어 이러한 제작 절차에서는 모든 AI 팀원이 작업 과정에서 일관성을 고루 유지할 수 있는 기준이 될 만한 시트를 반드시 정리해 두어야 한다. 같은 생성 과정을 거치더라도 어떤 데이터를 사용하느냐에 따라 결과물엔 차이가 크기 때문이다.

구체적인 작업 순서는 '학습 재료 마련 – AI 학습 – 캐릭터 및 의상 시트 제작 – 배경 이미지 생성 – 배경과 인물 합성 – 생성된 이미지로 영상 생성'의 흐름이다. 모든 컷에 이러한 공정이 완전 동일하게 적용되지는 않지만, 이것이 가장 대표적인 워크플로라고 말할 수 있겠다.

작업에 활용되는 툴은 매우 다양하다. 무암 AI 팀은 이미지 하나를 완성하는 때에도 여러 AI 툴을 유기적으로 결합한다. 장면의 성격과 목적에 따라 워낙 다양한 툴을 활용하기 때문에 '무엇을 대표적으로 쓴다'고 잘라 말하긴 어렵다. 다만 제일 흔한 플로는 미드저니로 베이스 이미지를 만들고, 나노 바나나로 인물의 포즈나 배경 구도를 바꾸며, 이디오그램Ideogram으로 얼굴 일관성을 보정하고, 컴피UIComfyUI를 활용해 인물 교체나 세밀한 수정 작업을 진행하는 공정이다.

예를 들어 어떠한 장면에서 주인공이 어두운 골목을 걷는다면, 미드저니로 전체 분위기를 정한 후 나노 바나나로 인물의 동작이나 카메라 각도 및 조명 등을 조절한다. 이 과정에서 여러 컷을 생성한 후 'OK컷'을 선택한다. 이후 컴피UI, 이디오그램으로 인물 얼굴의 일관성을 유지하는 작업을 거친다. 이미지를 완성하면 영상화 단계로 넘어간다.

이때에도 다양한 비디오 툴을 사용하지만, 대표적으로는 클링, 힉스필드Higgsfield 등을 사용한다. 작업은 스타트–엔드Start-End 프레임 기능을 활용해 동작 사이의 자연스러운 움직임을 생성하는 방식으로 이루어진다. 이후 생성된 영상은 실사 장면을 편집하는 과정과 마찬가지로 다듬어진다.

물론 생성형 AI가 만드는 영상이라 해서 매번 단숨에 감독의 구상과 의도를 100% 반영한 결과물을 내놓는 것은 아니다. 실사 영화 제작 시 감독이 OK할 때까지 촬영을 반복하듯, AI 영화 또한 만족할 만한 결과가 나올 때까지 명령을 다시 넣고 수정을 시도하는 것은 당연한 공정이다. 이를테면 조명이나 색 온도, 그리고 캘빈 값 렌즈의 화각 그리고 주인공의 액팅 등이 원하는 대로 나올 때까지 프롬프트 입력을 반복하는 것이다. 다만 그 반복 작업이 실제 배우나 스태프와 함께할 때보다 훨씬 빠르게 진행되며, 비용 또한 기존 대비 10분의 1~20분의 1수준으로 줄어드는 데다, 인력의 수고로움 또한 비교를 불허할 정도로 덜하다는 차이는 분명히 존재한다.

〈젠플루언서〉는 총 72개의 장면으로 구성돼 있다. 그 중 AI가 접목된 것은 39개다. 23개는 풀 AI, 16개는 AI와 실제가 섞인 하이브리드 장면이다. 하이브리드 장면은 AI와 실사 촬영이 만나는 교차점이다. 실제 현장 프로세스와 후반 AI 프로세스가 정교하게 맞물려 돌아가기 때문에, 사전 설계는 물론 팀 간 핸드오프(작업 인계) 또한 중요하다.

작업은 시나리오 분석 단계에서부터 시작된다. 실사 팀과 AI 팀은 함께 장면의 감정선, 시선 처리, 인물의 동선과 구도를 검토한다. 더불어 AI 인물이 개입할 구간과 실제 배우의 연기 영역을 구체적으로 나눈다. 촬영 단계에서는 조명 방향, 카메라 위치, 배우의 시선을 세밀하게 설계해 AI를 합성할 때 인물 간 상호작용이 자연스럽게 이어질 수 있도록 한다. 〈젠플루언서〉 촬영에서는 배우의 연기 호흡과 가상 인물의 위치를 조율하기 위해 대역 배우를 섭외했다.

촬영을 마치면 우선 편집 기사가 초벌 작업을 진행한다. 정확하게 AI 작업이 들어갈 컷을 미리 정리해 두어야 총감독이 효율적인 편집을 할 수 있기 때문이다. 편집 감독 다음으로는 AI 팀이 작업을 시작한다. 실사 영상 속 배우의 연기 흐름에 맞춰 AI 가상 인물의 표정, 시선, 동작 타이밍을 정밀하게 조정하는 것이 핵심이다. 이때에는 나노 바나나, 컴피UI 등의 툴을 주로 활용한다.

마지막으로 합성과 색 보정을 해 두 인물이 동일한 공간 안에 존재하는 듯한 시각적 통일감을 완성한다. 조명, 그림자, 피부 톤을 세밀히 조정해 실제 배우와 AI 인물이 대화하는 장면이 이물감 없이 연결되도록 한다. 이 과정을 거치면 현실과 상상의 경계가 놀라울 정도로 자연스럽게 이어진다.

AI를 어느 정도 비중으로 활용하더라도, AI 자체를 깊이 공부해야 한다는 부담을 질 필요는 없다. 생성형 AI 영상 비중이 50%를 넘는 〈젠플루언서〉 역시, 실제 활용된 툴들은 관련 전공은커녕 영상 공부 경험이 전혀 없는 일반인도 유튜브를 10분만 보면 원하는 장면을 바로 생성할 수 있을 정도로 직관적이다.

〈젠플루언서〉는 생성형 AI가 핵심인 영화지만, 설령 영상 대부분이 생성형 AI가 아닌 작품이라 해도 제작 과정에서 상당한 도움을 받을 수 있다. 이를테면 감독이나 작가가 구상하는 장면이 있을 때, AI 영상 툴을 활용하면 머릿속에 떠오른 그림을 바로 뽑아낼 수 있다. 상상을 현실로 구현하는 데에 많은 시간과 비용, 그리고 수고로움이 들었던 과거에 비해 획기적인 수준으로 공정이 간소화되는 것이다. 비단 정지된 장면뿐만이 아니다. 런웨이 Act 2 툴을 활용하면 실제 촬영하고 싶은 장면마저도 AI로 미리 연출해 볼 수 있다.

5장

이것만 따라가면
나도 창작자

AI로 나만의 숏 필름 만들기: 아이디어에서 완성까지

AI 영상 제작은 이젠 더 이상 전문가들만의 성역이라 할 수 없다. 여느 가정 집에서도 간단한 도구와 기술만을 활용해 영화 같은 장면을 충분히 만들어볼 수 있다.

1. 아이디어 구상

첫 걸음은 역시나 상상이다. 짧은 장면을 하나 자유로이 떠올려보자. '고양이가 도심의 옥상을 달린다'처럼 한 문장으로 표현해 보는 것이 좋다. 복잡한 이야기보다는 명확한 이미지나 동작이 떠오르는 이미지가 좋다. 일단 아이디어를 정했다면 그 장면의 시간대(낮 / 밤), 공간(도시 / 자연), 분위기(몽환적 / 현실적) 정도만 구체화해도 구성을 해내기엔 충분하다.

2. 이미지 만들기

AI 영상은 한 장의 이미지를 만드는 것에서 시작된다. 좋은 결과를 얻기 위해서는 프롬프트를 구체적으로 쓰는 것이 가장 중요하다. 프롬프트를 작성할 때는 아래 다섯 가지 요소만 명확히 하면 된다.

1. 누가(주인공): 인물, 동물, 사물 등 중심이 되는 대상

2. 어디서(배경): 장면이 펼쳐지는 장소나 환경

3. 무엇을(행동): 주인공의 동작이나 상황

4. 어떤 분위기(감정, 조명): 장면이 전달하는 감정 톤이나 빛의 느낌

5. 어떻게 보일까(카메라, 색감, 스타일): 숏 크기, 색조, 질감 등 화면의 스타일

이 다섯 가지를 정리해 입력하면 AI가 사용자의 의도에 매우 밀접한 이미지를 생성한다. 앞서 언급했던 '고양이가 도심의 옥상을 달린다'는 아이디어라면 다음처럼 구체화할 수 있다.

"회색 고양이가 밤의 도심 옥상 위를 달린다."

- 네온사인 불빛이 반사된 젖은 바닥, 달빛이 비치는 고요한 분위기

- 미디엄숏, 푸른빛 톤, 시네마틱하고 사실적인 스타일

문장은 길게 늘어질 필요가 없다. 쉼표로 나열해도 충분하다.

- 회색 고양이, 도심의 옥상, 달리는 동작, 달빛과 네온, 시네마틱 톤, 와이
  드숏

또한 AI 플랫폼 대부분은 생성 과정에서 이미지 레퍼런스를 함께 첨부할 수 있다. 비슷한 구도나 색감을 가진 사진 콘셉트 이미지를 함께 넣으면 AI가 그 스타일을 학습해 훨씬 좋은 결과를 만들어낸다. 그렇기에 이미지를 여러 장 생성해 보고 가장 마음에 드는 한 장을 선택하는 것 자체가 바로 영상의 시작 프레임Start Frame이 된다.

3. 영상화하기

이제 만들어둔 이미지를 움직여보자. 영상화가 가능한 대표적인 AI 플랫폼으로는 클링, 런웨이 등이 있다. 이 툴들은 이미지를 입력하면 자동으로 동작이나 카메라 움직임을 예측해 짧은 영상으로 만들어준다. 가장 간단한 방식은 Start-End 이미지 방식이다. 먼저 이미지 두 장을 준비해 두자. 이를테면 다음과 같다.

- '달리기 전의 고양이'(Start)
- '점프 중인 고양이'(End)

이들을 AI에 넣으면 프로그램이 두 장 사이의 움직임을 알아서

계산해 채워 넣으며 자연스러운 영상으로 이어준다. 한 컷의 움직임만이지만 장면의 완성도는 상당하다. 간단한 입력만으로도 짧게는 3초, 길게는 10초 정도의 클립을 손쉽게 만들 수 있다.

영상을 생성할 때는 몇 가지 포인트를 기억하면 좋다.

1. 가급적 행동의 흐름이 자연스럽게 이어지는 이미지를 고른다

2. 카메라 움직임은 'Cinematic Movement'나 'Camera Pan' 옵션만 사용해도 충분하다

3. 이미지 두 장의 톤과 조명은 최대한 일관된 구성을 유지한다

영상이 생성된 뒤에는 플랫폼 내부 기능을 활용하면 속도 조절이나 색감 보정을 손쉽게 적용할 수 있다. 이 과정을 거치면 한 장의 이미지가 생명을 얻듯 움직이기 시작한다.

4. 편집 마무리

완성된 AI 영상을 편집 앱으로 다듬어보자. 스마트폰에서도 충분히 가능하다. 캡컷^{CapCut}과 같은 무료 앱만 사용해도 부족함이 거의 없다.

1. AI로 만든 영상을 불러온다

2. 불필요한 부분을 자르고 전환 효과를 넣는다

3. 장면의 분위기에 어울리는 배경음악을 추가한다

4. 제목 자막이나 짧은 문구를 삽입하면 완성이다

이렇게 완성된 영상은 10초 남짓한 'AI 숏 필름' 형태가 된다. 이 과정을 반복하면 하나의 시퀀스나 짧은 이야기 단위로도 확장할 수 있다.

✓ **실습 팁**

- 짧고 명확한 문장으로 프롬프트를 작성할수록 결과가 좋다.
- 빛, 색감, 분위기 등 감정적인 요소를 함께 넣으면 영상이 풍부해진다.
- AI가 만든 이미지나 영상을 그대로 쓰기보다 편집하며 톤 보정, 자막, 음악을 더해 '자신만의 연출'을 완성해 보자.

6장

영상 제작의 미래와 주의할 점

AI 영상의 폭발적 확산, 그 빛과 그림자

얼마 전 많은 사람이 생성형 AI를 이용하여 자신들의 카카오톡이나 라인과 같은 메신저의 프로필 사진을 지브리 스튜디오 스타일의 일러스트로 바꾸어 등록하는 일이 유행을 탄 적이 있었다. 그 후 얼마 지나지 않아 이미지에 그치지 않고 구글의 베오 3.1, 오픈AI의 소라2, 미드저니, 런웨이, 클링, 피카 랩스 등이 등장하며 이제는 누구나 쉽고 간편하게 영상을 제작할 수 있는 시기가 도래하였다. 이미 유튜브나 틱톡 및 각종 유명 SNS에는 생성형 AI로 제작한 영상을 쉽게 찾아볼 수 있다.

이전의 생성형 AI 기반 영상 콘텐츠는 일반 대중도 쉽게 'AI로 만든 영상'임을 알아볼 수 있었지만, 기술이 하루가 다르게 발전하면서 최근의 콘텐츠들은 퀄리티가 크게 향상되었다. 그 결과, 전통적인 방식으로 실제 촬영한 영상인지, 생성형 AI로 만든 영상인지 대중이 구분하기조차 어려운 수준에 이르렀다.

수년 전부터 많은 이가 '4차 산업혁명'이라고 표현하며 기존의 다양한 산업에 AI가 활용될 것이라고 예측하였던 것들이 바로 이러한 모습일 것이다. 생성형 AI의 활용으로 새로운 산업군이 등장하고 성장하면서, 과거에는 상상의 영역에 머물렀거나 특별한 기술을 가진 소수만이 할 수 있었던 일들을 이제 누구나 손쉽게 할 수 있는 시대가 열린 것은 분명하다. 그러나 이러한 변화가 가져올 부정적 영향 또한 예측되고 있으며, 그 일부는 이미 현실에서 나타나고 있다.

각종 플랫폼에 정교한 디테일을 가진 영상으로 가짜뉴스를 만들어 올리거나, 전문가로 소개되는 가공의 인물이 등장하여 허위의 사실을 마치 진실인 것처럼 그럴듯하게 포장하여 소비자를 기만하는 광고는 그 수를 셀 수 없을 정도가 되었다. 딥페이크를 악용해 유명인이 실제로 발언하거나 행동한 것처럼 꾸민 거짓 영상을 제작하고, 이를 이용해 투자 권유나 로맨스 스캠과 같은 범죄를 저지르는 사례가 잇따르고 있다는 보도도 나오고 있다.

뿐만 아니라, 의도적이든 비의도적이든 생성형 AI로 만들어낸 결과물이 저작권, 상표권, 초상권 등 타인의 권리를 침해하는 문제도 발생할 수 있다. 쉽고 빠르게 원하는 영상 콘텐츠를 만들어 낼 수 있다는 긍정적인 모습이 존재하는 반면, 타인의 권리를 침해하는 등의 부정적 영향은 결국 해당 콘텐츠 제작자에게 법적 책임이라는 형태로 부메랑처럼 되돌아올 가능성이 크다.

개인정보나 회사의 기밀자료, 사회적 편견이 담긴 편향된 정보가 콘텐츠에 반영되는 것 또한 생성형 AI 활용에 있어 발생할 수 있는 부정적 영향이 될 수 있다.

우리나라를 포함한 세계 각국에서는 이러한 부정적 영향을 막기 위해 기존의 법을 활용하여 규제를 하고 있음에도 불구하고 사회의 변화와 기술의 발전 속도는 법의 제정 및 개정의 속도보다 훨씬 빠른 것이 현실이다. 따라서 필연적으로 현실과 법의 괴리가 발생하게 되며, 이와 같은 간극을 메우기 위하여 많은 기업과 국제기구에서는 가이드라인 등을 만들어 발표하고 있다.

지금부터는 생성형 AI와 관련한 국내외의 각종 가이드라인들을 살펴본 후, 영상 콘텐츠 제작자가 생성형 AI를 이용하여 작업하며 직면하였던 리스크의 실제 사례와 이를 통하여 얻은 교훈과 대비책을 소개한다.

+

국내의 가이드라인

2023년 12월 28일 방송통신위원회와 한국지능정보사회진흥원 (NIA)은 공동으로 '생성형 AI 윤리 가이드북'을 발간하였다. 원문은 한국지능정보사회진흥원 홈페이지에서 다운로드 받을 수 있다(https://nia.or.kr/site/nia_kor/ex/bbs/View.do?cbIdx=39485&bcIdx=26195&parentSeq=26195&ref=pytorchkr).

생성형 AI 윤리 가이드북은 크게 여섯 개의 파트로 구성되어 있다.

파트 1에서는 생성형 AI의 정의와 사회적 변화, 역기능, 윤리적 활용의 필요성과 이를 위한 노력을 소개하고 있다. 이후 파트 2는 저작권, 파트 3에서는 책임성, 파트 4는 허위 조작 정보, 파트 5에서는 개인정보·인격권, 파트 6에서는 오남용을 다루며 생성형 AI를 이용하는 사람들이 주의를 기울여야하는 주제로 구성되어 있다. 각 파트에는 주제별 정의와 문제 제기, 관련 사례가 체계적으로 정리되어 있고, 많은 사람이 궁금해할 내용을 Q&A 형식으로 알기 쉽게 풀어낸다. 관련 법 조항과 국내외의 판례뿐만 아니라 신문 기사 등을 통한 구체적인 설명과 향후 예상까지도 다루고 있어 생성형 AI를 이용하는 사람들은 반드시 읽어보기를 권한다.

생성형 AI 윤리 가이드북에서 가장 눈에 띄는 것은 마지막에 부록으로 수록된 '생성형 AI를 현명하게 활용하기 위한 체크리스트'다. 이 체크리스트는 저작권, 권리 침해, 명예 훼손, 혐오 표현, 정보 유출, 허위 조작 정보, 정보 편향, 환각 현상, 오남용, 창의성이라는 열 가지의 항목에 관하여 네 / 아니오의 형식으로 판단 기준을 제시하고 있다. 앞서 설명한 내용을 종합해 보면, 이는 생성형 AI 사용자가 결과물을 점검하며 발생 가능한 부정적 영향을 사전에 스스로 확인해 볼 수 있는 매우 유용한 도구로 보인다.

◆ 생성형 AI를 현명하게 활용하기 위한 체크리스트 ◆

❶ 저작권

생성형 AI의 결과물을 활용할 때 생성형 AI를 활용해서 얻은 결과물이라고 출처를 표기했나요?　　네☐　아니오☐

❷ 권리 침해

생성형 AI를 활용할 때 타인의 권리가 침해될 수 있는 텍스트, 오디오, 이미지 등을 사용하지 않았나요?　　네☐　아니오☐

❸ 명예 훼손

생성형 AI에 질문이나 정보를 입력할 때 특정인의 명예를 훼손하거나, 차별하는 내용이 포함되어 있지는 않나요?　　네☐　아니오☐

❹ 혐오 표현

생성형 AI가 제시한 정보에 개인 기관 등 특정 대상을 비난하거나, 가치관이나 주장을 일방적으로 혐오하는 내용이 포함되어 있지 않나요?　　네☐　아니오☐

❺ 정보 유출

생성형 AI로 정보를 얻거나 콘텐츠를 제작하기 위해 개인정보, 기업 기밀 등 민감한 정보를 제공하지는 않았나요?　　네☐　아니오☐

❻ 허위 조작 정보

생성형 AI로 가짜 뉴스, 스팸 등을 만들기 위해 사실이 아닌 부정확한 정보나 조작된 내용을 일부러 입력하지는 않았나요?　　네☐　아니오☐

❼ 정보 편향 생성형

AI가 결과로 제시한 정보에 한쪽으로 치우친 편향적인 내용이 없는지 확인하였나요?　　네☐　아니오☐

❽ 환각 현상

생성형 AI가 제공한 정보가 모두 정답은 아니라는 생각을 하며 잘못된 정보가 있는지 사실 확인을 위해 교차 검증을 했나요?　　네☐　아니오☐

❾ 오남용

생성형 AI가 주는 편리함에만 의존하지 않고 먼저 충분히 생각하고 고민한 후에 생성형 AI는 보조적 수단으로 활용하였나요?　　네☐　아니오☐

❿ 창의성

생성형 AI가 제시한 결과를 그대로 사용하지 않고, 재해석하거나 자신의 생각과 아이디어를 덧붙여 생산적으로 활용하였나요?　　네☐　아니오☐

해외의 가이드라인

1. 넷플릭스

OTT 중 전 세계 가입자 1위를 기록하고 있는 넷플릭스는 2025년 8월, 콘텐츠 제작에 생성형 AI를 활용하기 위한 가이드라인을 파트너 지원 센터를 통하여 발표했다(https://partnerhelp.netflixstudios.com/hc/en-us/articles/43393929218323-Using-Generative-AI-in-Content-Production).

넷플릭스의 생성형 AI 활용 가이드라인의 핵심적인 내용을 요약하면 다음과 같다.

① 결과물은 타인에게 저작권이 있는 자료의 식별 가능한 특성을 복제 또는 실질적으로 재현하지 않으며, 저작권으로 보호되는 작업물을 침해하지 않는다.

② 사용된 생성 도구는 제작 과정에 이용된 입력 및 결과물 데이터를 저장, 재사용 또는 학습하지 않는다.

③ 가능한 경우, 생성 도구는 입력 데이터를 보호하기 위해 기업 보안 환경에서 사용한다.

④ 생성된 자료는 일시적이며 최종 결과물의 일부가 아니다.

⑤ 생성형 AI는 동의 없이 새로운 연기자의 실연이나 노조가 보장하는 업

무를 대체하거나 생성하는 데 사용되지 않는다.

이를 통해 넷플릭스가 생성형 AI를 활용한 콘텐츠를 제작할 때 어떤 점에 주목하고 있는지를 파악할 수 있다. 즉, 넷플릭스는 생성형 AI의 사용을 전면적으로 금지하고 있는 것은 아니고, 해당 가이드라인에서 정하고 있는 기준에 충족되는 경우에는 활용할 수 있는 길을 열어두고 있다는 것을 알 수 있다. 콘텐츠의 제작 과정에서 생성형 AI를 책임 있고 투명한 방법으로 사용하도록 하고, 타인의 권리·개인정보·출연자·관객의 신뢰를 보호하는 목적을 가진 이 가이드라인은 단일 툴의 사용만을 상정하지 않고 있으며, 외부 공급자가 만든 전 제작 과정에 동일한 기준을 적용하고 있다.

다음은 넷플릭스가 발표한 가이드라인을 원문에 충실하게 번역하여 인용하였음을 밝히며, 해당 내용을 상세히 살펴보도록 한다.

I. 도입

넷플릭스는 사용자가 새롭고 창의적으로 고유한 미디어(비디오, 사운드, 텍스트, 이미지)를 신속하게 생성할 수 있는 생성형 AI 도구(GenAI)가 콘텐츠 프로덕션의 크리에이티브 워크플로 전반에 걸쳐 점점 더 많이 사용되고 있다고 인식하고, 이러한 도구를 투명하고 책임감 있게 사용할 때 귀중한 크리에이티브 보조 수단으로 보고 있다. 이 가이드라인은 영화 제작자, 제작 파트너 및 공급업체가 제작에 GenAI 도구를 언제, 어떻게 사용해야 하는지 이해하는 데 도움이 되며, 또한 넷플릭스용 콘텐츠를 제작할 때 GenAI를 자신 있게 사용할 수 있도록 평가하고 지원하는 실용적인 도구로 제공한다고 밝히고 있다.

글로벌 프로덕션을 지원하고 모범 사례를 준수하기 위해 모든 프로덕션 파트너가 특히 다양한 기능과 위험을 가진 새로운 도구가 계속 등장함에 따라 GenAI의 의도된 사용처를 넷플릭스 담당자와 공유할 것으로 기대한다. 아래 지침 원칙을 따르는 대부분의 저위험 사용 사례는 법적 검토가 필요하지 않으나 최종 결과물, 재능 유사성, 개인 데이터 또는 제삼자 IP가 포함된 경우 진행하기 전에 서면 승인이 필요하다.

II. 지침 원칙

이러한 도구의 사용과 진화하는 법적 환경에 대한 민감성을 고려할 때, 생성 워크플로 사용 시, 책임 있게 행동하는 것이 필수적이다. 넷플릭스는 창의적인 워크플로에서 GenAI를 활용하기 전에 파트너에

게 다음과 같은 지침 원칙을 고려할 것을 요청한다:

1. 결과물은 타인에게 저작권이 있는 자료의 식별 가능한 특성을 복제 또는 실질적으로 재현하지 않으며, 저작권으로 보호되는 작업물을 침해하지 않는다.
2. 사용된 생성 도구는 제작 과정에 이용된 입력 및 결과물 데이터를 저장, 재사용 또는 학습하지 않는다.
3. 가능한 경우, 생성 도구는 입력 데이터를 보호하기 위해 기업 보안 환경에서 사용한다.
4. 생성된 자료는 일시적이며 최종 결과물의 일부가 아니다.
5. GenAI는 동의 없이 새로운 연기자의 실연이나 노조가 보장하는 업무를 대체하거나 생성하는 데 사용되지 않는다.

위의 모든 원칙에 대해 자신 있게 "예"라고 말할 수 있다면 넷플릭스 담당자와 사용 목적을 공유하는 것으로 충분할 수 있다. 이러한 원칙 중 하나에 대해 "아니오" 또는 "불확실"이라고 대답하는 경우 서면 승인이 필요할 수 있으므로 계속 진행하기 전에 넷플릭스 담당자에게 연락하여 자세한 안내를 받을 것을 밝히고 있다.

III. 서면 동의가 항상 필요한 경우
다음은 의도된 사용을 보고하는 것 외에도 진행하기 전에 항상 에스컬레이션과 서면 승인이 필요한 몇 가지 상황의 예가 된다.

1. 데이터 사용

개인 데이터와 창작 권리를 보호하는 것은 GenAI와 협력할 때 필수적이다. 이러한 도구는 종종 결과물을 생성하기 위해 입력 데이터가 필요하며, 해당 데이터가 어떻게 처리되는지가 중요하다. GenAI 도구, 특히 타사 또는 기성 옵션을 사용하기 전에 특별한 취급, 허가 또는 동의가 필요한 자료를 사용하고 있는지 고려하라.

- □ **등록 또는 개인정보 사용**: 명시적으로 승인되지 않는 한 넷플릭스 소유 자료(예: 미공개 자산, 대본, 제작 이미지) 또는 개인 데이터(예: 출연진 또는 제작진 세부 정보)를 도구에 입력하지 않아야 한다.
- □ **제삼자 또는 소유하지 않은 인재 자산**: 적절한 법적 권리 처리가 없는 한 아티스트, 공연자 또는 기타 권리자의 자료를 사용하여 모델을 학습하거나 미세 조정하지 않아야 한다.
  (예: 넷플릭스나 해당 작품의 배우가 권리관계를 명확하게 하지 않은 과거 작품 라이브러리를 사용하여 다른 아티스트의 스타일로 이미지 모델을 훈련)

2. 창작 결과물

AI가 생성한 콘텐츠는 특히 제작의 가시적이거나 스토리에 중요한 부분을 차지할 때 주의 깊게 사용해야 한다. 장면에 등장하는 세계, 캐릭터 또는 예술 작품을 디자인할 때 창의적이고 법적인 기준은 전통적으로 제작된 자산과 동일하게 적용된다.

□ **주요 크리에이티브 요소의 생성**: GenAI는 서면 승인 없이 스토리의 중심이 되는 주요 캐릭터, 주요 시각 요소 또는 허구적 설정을 생성하는 데 사용되어서는 안 된다.

(예: 〈오징어 게임〉에서 영희와 함께 빨간불 / 초록불 게임을 진행할 두 번째 킬러 인형을 생성하는 데 GenAI를 활용)

□ **저작권 또는 유산 관리**: 적절한 허가 없이 저작권 자료나 공인 또는 사망한 개인의 유사성을 참조하는 입력(예: 프롬프트, 이미지)을 사용해서는 안 된다.

(예: "맥커리의 아프간 소녀에게서 영감을 받은 이미지를 만들어라" 또는 알려진 출연자의 독특한 특징을 참조(예: "메릴 스트립의 코로 캐릭터를 만들어라"))

3. 출연자 및 실연

공연자와 그들의 작업에 대한 존중은 GenAI의 책임 있는 사용의 기초가 된다. 녹화된 공연을 향상시키든 디지털 유사성을 생성하든, 공연의 의도나 성격이 변경될 수 있는 경우, 동의와 주의의 기준이 매우 높다.

□ **합성 또는 디지털 복제품**: 명시적이고 문서화된 동의 없이 조합의 요건을 준수하지 않고 실제 출연자의 퍼포먼스, 목소리 또는 유사체를 만들지 말 것

□ **실연에 대한 중요한 디지털 변경**: 실연의 감정적 톤, 전달 또는 의

도에 영향을 미치는 변경을 할 때는 미묘한 수정조차도 법적 또는

평판에 영향을 미칠 수 있으므로 주의할 것

(예: 시각적 ADR(Architecture Decision Records, 새로운 대본 없이 이

루어지는 대화에 맞춰 립싱크와 얼굴 표정을 자동으로 변경하는 기술)

4. 윤리 및 재현

시청자는 화면에서 보고 듣는 내용을 신뢰할 수 있어야 한다. GenAI

(주의 없이 사용하는 경우)는 허구와 현실의 경계를 흐리거나 의도치 않

게 시청자를 오도할 수 있다. 그렇기 때문에 AI가 생성한 콘텐츠의 의

도와 영향을 모두 고려해야 한다.

□ **오해의 소지가 있거나 잘못된 내용**: 실제 사건, 인물 또는 진술이

실제로 발생하지 않은 경우(예: 조작된 영상, 대화 또는 진품으로 제시

된 장면), 실제 사건, 인물 또는 진술로 오인될 수 있는 내용을 만들

지 말 것(예: GenAI를 사용하여 실제 기자의 발언인 것처럼 조작된 진술

을 만들어 가짜 뉴스를 제작하는 행위)

□ **노조 역할에 미치는 영향**: GenAI의 사용이 적절한 승인이나 합의

없이 배우, 작가 또는 제작진을 포함한 노조가 대표하여 일반적으

로 수행하는 작업을 대체하거나 실질적으로 영향을 미치지 않도록

할 것

Ⅳ. 기밀성과 데이터 보호를 어떻게 보장할 수 있는가?

넷플릭스 기업 계약에서 다루는 도구의 사용은 입력 데이터를 보호하기 위한 추가적인 보안 수준을 제공한다. 사용 가능한 도구와 온보딩 프로세스에 대해 넷플릭스 주요 담당자와 상담하라.

□ 입력의 캡처, 교육 또는 재판매 방지

□ 스크립트, 프로덕션 이미지 또는 재능 비주얼과 같은 민감한 입력을 보호한다. 안전한 도구를 사용하더라도 재능 유사, 미공개 영상, 계약서 등 민감한 정보를 사용하려면 넷플릭스 담당자와의 논의가 요구된다.

엔터프라이즈 도구를 사용하지 않을 때는 잘못된 라이선스 계층을 사용하거나 사전 협상된 데이터 용어를 누락하면 기밀성이 손상될 수 있으므로 사용하는 AI 도구, 플러그인 또는 워크플로가 입력 또는 출력에 대해 학습하지 않도록 주의하라. 약관(T&Cs)을 검토할 책임이 있으며, 추가 질문이 있으면 넷플릭스 담당자에게 문의할 것.

Ⅴ. 최종 출력물과 임시 매체에 대한 고려 사항이 다른가?

GenAI로 만든 경우, 배경에서도 최종 컷에 표시되는 콘텐츠는 시청자와의 법적, 저작권 또는 신뢰 문제를 일으킬 수 있다. 그렇기 때문에 GenAI에서 생성된 요소가 화면에 보이거나 들릴 경우 조기에 플래그를 지정하기 바란다.

제안된 사용 사례에 AI가 생성한 시각적, 청각적 또는 텍스트 요소(예: 포스터, 문서, 간판 또는 뉴스 클립)가 포함된 경우, 가능한 한 빨리 넷플릭스 담당자에게 연락하여 법적 지침을 받을 것. 이러한 항목은 최종 결과물에 포함되기 전에 권리 허가가 필요할 수 있다.

일부 GenAI에서 생성된 소품이나 세트 피스는 부수적인 것으로 간주될 수 있다. 배경에 간략하게 표시되고 장면에서 참조되지 않는 역사적 문서는 그 예가 될 수 있다. 그러나 요소가 두드러지는 경우(예: 캐릭터가 소리 내어 읽거나 스토리에 기여하는 경우), 더 신중하게 다루어야 한다.

이러한 경우 GenAI를 사용하여 아이디어나 모형을 탐색할 수 있다. 하지만 최종 버전에는 사람이 하는 의미 있는 입력이 포함되어야 하며, 넷플릭스 담당자를 통해 법적 검토 과정을 따라야 한다.

VI. 재능 향상을 위해 GenAI를 사용하기 전에 무엇을 고려해야 하는가?

포스트 프로덕션과 VFX에서는 공연을 디지털 방식으로 변경하는 오랜 전통이 있다. 그러나 실연자의 초상화나 목소리를 수정하거나 복제하는 데 AI를 사용하면 새로운 법적, 윤리적, 평판적 문제가 발생한다. 따라서 적절한 시기에 동의를 얻고 신중을 기하는 것이 중요하다. 많은 재능 향상 사용 사례에서 법적 검토가 필요하므로 이에 따라 계획을 세워야 한다. 고려해야 할 몇 가지 지침은 다음과 같다:

□ ① 디지털 복제품을 만들 때(즉, 사진이나 사운드트랙에서 식별 가능한 실연자의 목소리 및 유사성으로 인식할 수 있는 생성된 출력물을 제작할 때) 동의가 필요하다. 실연 결과물이 실질적으로 대본, 실연 또는 녹화된 상태로 남아 있는 경우(예: 재촬영), ② 안전상의 이유로 인간이 수행할 수 없는 활동을 묘사하거나 ③ 공연자가 인식할 수 없게 되는 경우(예: 마스크 착용) 디지털 복제물을 사용하는 데 추가 동의가 필요하지 않다.

□ **디지털 변경**: 디지털 변경에는 일반적으로 동의가 필요하지만, 다음과 같은 엔터테인먼트 및 영화 산업에서 관례적으로 이루어지는 경우는 예외이다.

- 사진이나 사운드트랙이 실질적으로 대본, 공연 또는 녹음된 상태로 유지되는 변경 사항.

- 분장, 의상, 소음 감소, 타이밍, 연속성, 피치, 선명도 및 유사한 목적을 위한 후반 작업의 변화.

- 기존 계약에 따라 더빙 또는 더블 사용이 허용되는 상황.

□ **모델 사용:**

- 인재 향상 조작을 수행하도록 훈련된 모든 모델은 해당 제작에만 사용되어야 하며, 해당 인재와 합의된 작업 범위 내에서 사용되어야 한다.

- 모델을 사용하여 모든 관련 당사자의 명시적인 동의 없이 다른 프로덕

션, 피치 또는 콘셉트에서 배우의 연기를 창조해서는 안 된다.

□ **품질 보증:**

- 인재의 원래 성과에 부정적인 영향을 미치지 않도록 창의적이고 기술적으로 출력물의 품질이 수용 가능한지 확인하기 위해 초기 테스트를 수행하라.

- 적용 가능하고 실용적인 경우, 최고의 결과를 보장하기 위해 재능 있는 사람들과 함께 헌신적인 데이터 캡처 세션을 계획하라.

- 배우의 평판, 존엄성 또는 개인 이미지를 해칠 수 있는 향상을 피하라.

이 지침을 따르면, 공연자의 권리와 무결성을 존중하면서 창의적인 워크플로에서 AI를 사용하는 복잡성을 해결할 수 있다.

VII. 사용자 지정 워크플로를 사용하거나 공급업체와 협력하는 경우 어떻게 해야 하는가?

□ **공급업체의 경우:** 여러 도구로 구축된 맞춤형 GenAI 워크플로를 사용하여 넷플릭스에 작업을 제공하는 경우, 파이프라인의 각 단계는 이 문서에 설명된 대로 데이터 보호, 동의 및 콘텐츠 무결성에 대한 표준을 충족해야 한다.

□ **제작 파트너를 위해:** 공급업체 또는 AI 스튜디오를 고용하는 경우 이 지침을 프레임워크로 사용하여 데이터, 크리에이티브 컨트롤

및 최종 출력을 관리하는 방법을 평가하라. 파이프라인이 이 지침에 명시된 기대치를 충족하는지 확실하지 않다면 넷플릭스 담당자에게 지침을 요청하라.

VIII. 부록: 제안된 사용 케이스

이 지침의 마지막에 제안된 사용 사례를 신속하게 분류하기 위한 도구로 제안된 사용 예시 표를 제공한다.

사용 예시	Action	이유
아이디어 전용 GenAI 사용(무보드, 참조 이미지)	✅	저위험, 비최종, 지침 원칙을 준수하면 에스컬레이션이 필요하지 않을 가능성이 높음
GenAI를 사용하여 카메라에 표시되는 배경 요소(예: 간판, 포스터) 생성하기	⚠️	추가적인 판단 필요, 부수적인 요소는 위험이 낮을 수 있지만, 이야기와 관련이 있는 경우 추가 고려할 것
GenAI를 사용하여 최종 캐릭터 디자인 또는 주요 비주얼 제작하기	🛑	법적 권리, 청중의 인식 또는 노조의 역할에 영향을 미칠 수 있으므로 추가 조사가 필요
재능 복제(재노화 또는 합성 음성)를 위해 GenAI 사용하기	🛑	동의와 법적 검토를 위해 추가 조사가 필요
소유하지 않은 훈련 데이터(예: 유명인 얼굴, 저작권이 있는 예술) 사용	🛑	저작권 및 기타 권리 위험으로 인해 추가 조사가 필요
넷플릭스에 등록된 자료의 사용	⚠️	외부 보안 기업 도구의 경우 검토를 위해 추가 조사가 필요

2. 유튜브

1) 유튜브 커뮤니티 가이드

유튜브의 경우, 전통적인 방법으로 실제 촬영된 영상이든 생성형 AI를 활용하여 제작된 영상이든 유튜브 커뮤니티 가이드를 준수할 것이 요구된다(https://support.google.com/youtube/answer/9288567?sjid=6250503606526567314-NC).

유튜브 커뮤니티 가이드는 크게 6가지로 분류되어 있고 각 분류의 하위에 관련된 세부 사항을 규정하고 있다. 유튜브 커뮤니티 가이드를 위반했더라도 교육, 다큐멘터리, 과학, 예술[EDSA] 맥락을 포함하는 콘텐츠라면 경우에 따라 EDSA 예외가 적용되어 유튜브에 계속 표시될 수도 있다.

□ **스팸 및 기만 행위**
- 스팸, 기만 행위, 사기 관련 정책
- 명의 도용 관련 정책
- 외부 링크 정책
- 허위 참여 정책
- 재생목록 정책
- 추가 정책

□ 민감한 콘텐츠

- 과도한 노출 및 성적인 콘텐츠에 대한 정책

- 썸네일 정책

- 아동 보호 정책

- 자살, 자해, 섭식 장애에 대한 정책

- 저속한 언어 정책

□ 폭력적이거나 위험한 콘텐츠

- 유해하거나 위험한 콘텐츠에 대한 정책

- 폭력적이거나 노골적인 콘텐츠에 대한 정책

- 폭력 범죄 조직에 대한 정책

- 증오심 표현에 대한 정책

- 괴롭힘 및 사이버 폭력에 대한 정책

□ 규제 상품

- 불법 또는 규제 상품과 서비스 판매에 대한 정책

- 총기류에 대한 정책

□ 잘못된 정보

- 잘못된 정보 관련 정책

- 잘못된 선거 정보 관련 정책

- 잘못된 의료 정보 관련 정책

□ 교육, 다큐멘터리, 과학, 예술 콘텐츠

이 중 생성형 AI를 활용한 콘텐츠와 특히 관련이 있을 가능성이 높은 항목은 '스팸, 기만 행위, 사기 관련'과 '잘못된 정보'일 것이다. 이 부분을 조금 더 자세히 살펴본다.

[스팸, 기만 행위, 사기 관련 정책]

아래에 설명된 내용 중 어느 하나라도 해당한다면 콘텐츠를 유튜브에 게시하지 마세요.

□ **동영상 스팸**: 과도하게 자주 게시되거나 반복되거나 뚜렷한 대상이 없고, 다음 중 하나 이상에 해당하는 콘텐츠입니다.

- 시청자에게 무언가를 보여주겠다고 약속하지만 보여주지 않고 외부 사이트로 유인합니다.
- 시청자에게 빠른 수익 창출을 약속하면서 유튜브 외부 사이트로 클릭, 조회 또는 트래픽을 유도합니다.
- 유해한 소프트웨어를 유포하거나 개인정보를 수집하는 사이트 또는 부정적인 영향을 미치는 다른 사이트로 시청자를 유인합니다.

(예시)

☞ 시청자에게 무언가를 약속하면서 약속한 내용을 보려면 외부 사이트로 이동하도록 유인하는 콘텐츠

☞ 하나 이상의 채널에 반복 게시되는 동일한 콘텐츠

☞ 다른 크리에이터의 콘텐츠를 스크랩하여 내 채널에 대량으로 업로드하는 경우

☞ 유해한 소프트웨어를 설치하도록 유도하거나 개인정보를 침해할 수 있는 사이트로 시청자를 유인하는 콘텐츠

☞ 품질이나 시청자 경험을 고려하지 않은 채 컴퓨터로 자동 생성한 콘텐츠

☞ 소프트웨어를 설치하거나, 앱을 다운로드하거나, 다른 행위를 하는 시청자에게 현금, 제품, 소프트웨어 또는 게임 혜택을 무료로 제공한다고 약속하는 콘텐츠

☞ 전용 계정에서 대량으로 게시하는 제휴 콘텐츠

☞ 내 소유권이 없고 EDSA가 아닌 콘텐츠를 반복적으로 업로드하는 경우

□ **혼동을 야기하는 메타데이터 또는 썸네일**: 제목, 썸네일, 설명란을 이용하여 사용자가 콘텐츠의 내용을 다른 내용으로 오해하도록 속입니다. 여기에는 동영상에 실제로는 포함되지 않은 내용이 포함된 것처럼 믿게 하는 제목, 썸네일 또는 설명이 포함됩니다.

(예시)

☞ 동영상 콘텐츠와 무관한 유명인 사진을 사용한 썸네일

☞ 시청자가 실제 영상에 포함되지 않은 콘텐츠나 장르가 들어 있을 것이라고 오해하게 만드는 제목, 썸네일 또는 설명(예: 시청자가 동영상에서 유명 뉴스 앵커의 분석을 볼 수 있다고 기대했으나 실제로는 뮤

직비디오가 포함되어 있는 경우).

☞ 동영상에 실제로는 포함되지 않은 내용이 포함된 것처럼 믿게 하는 제목, 썸네일 또는 설명

☞ 동영상 콘텐츠에서 다루지 않으면서 최근 발생했거나 현재 진행 중인 뉴스거리를 언급하는 제목, 썸네일 또는 설명

□ **사기**: 현금 지급, '벼락부자 되기' 광고, 다단계 판매(다단계 구조에서 실제 제품 없이 돈만 지불)에 관한 콘텐츠입니다.

(예시)

☞ 빨리 부자가 될 수 있다거나 기적의 치료법으로 암과 같은 악성 질환 외 만성 질환을 완치할 수 있다고 주장하는 과장 광고

☞ 현금 지급 또는 기타 다단계 판매 홍보

☞ 현금 지급 전용 계정

☞ '내일이면 5만 달러를 벌 수 있습니다!'라고 약속하는 동영상

□ **인센티브 스팸**: 조회수, 좋아요 수, 댓글 수와 같은 참여도 측정항목이나 그 외 다른 유튜브 측정항목을 판매하는 콘텐츠입니다. 이러한 유형의 스팸에는 구독자 수, 조회수 또는 기타 측정항목을 늘리는 것이 유일한 목적인 콘텐츠도 포함됩니다. 예를 들면 내 채널을 구독하는 조건으로만 다른 크리에이터의 채널을 구독하겠다고 제안하는 '맞구독 제안' 콘텐츠가 여기에 해당합니다.

(예시)

☞ 시청자의 구독을 유도할 목적의 동영상

☞ '맞구독 제안' 동영상

☞ '좋아요' 판매를 제안하는 동영상

☞ 다른 콘텐츠 없이 10만 번째 구독자에게 채널을 넘기겠다고 제안
   하는 동영상

(후략)

[잘못된 정보 관련 정책]

아래 설명 중 어느 하나라도 해당한다면 콘텐츠를 유튜브에 게시하지
마세요.

□ **인구 조사 참여 방해**: 인구 조사 시간, 장소, 수단, 자격 요건과 관
  련하여 참여자에게 혼동을 야기하려는 목적의 콘텐츠 또는 인구
  조사 참여 포기를 심각하게 조장할 수 있는 허위 주장

(예시)

☞ 잘못된 인구 조사 참여 방법을 알려주는 콘텐츠

☞ 응답자의 이민 신분이 법 집행 기관에 보고된다는 허위 주장으로
   인구 조사 참여를 말리는 콘텐츠

☐ **조작된 콘텐츠**: 아무런 정황 설명 없이 발췌된 클립의 수준을 넘어 혼동을 야기하는 방식으로 기술적으로 조작되거나 변조되어 사용자에게 심각한 피해를 입힐 중대한 위험이 있는 콘텐츠

(예시)

☞ 부정확한 번역으로 인해 지정학적 갈등을 고조시켜 심각한 피해를 야기할 중대한 위험이 있는 동영상 자막

☞ (일반적으로 아무런 정황 설명 없이 발췌된 클립의 수준을 넘어) 정부 공무원이 사망한 것처럼 보이도록 기술적으로 조작된 동영상

☞ 아무런 정황 설명 없이 발췌된 클립의 수준을 넘어 사건을 날조하기 위해 기술적으로 조작되어 심각한 피해를 입힐 중대한 위험이 있는 동영상 콘텐츠

☐ **출처가 잘못된 콘텐츠**: 과거에 발생한 사건의 영상이 최근 사건의 영상이라는 허위 주장으로 심각한 피해를 입힐 중대한 위험이 있는 콘텐츠

(예시)

☞ 실제로는 다른 장소나 사건에 관한 콘텐츠인데 특정 장소의 인권 침해를 기록한 것으로 잘못 제시된 콘텐츠

☞ 실제로는 몇 년 전 영상인데 최근 사건의 콘텐츠라는 허위 주장과 함께 시위대에 대한 군부 탄압을 보여주는 콘텐츠

유튜브에 업로드한 콘텐츠가 위와 같은 정책을 위반하는 경우, 채널 또는 계정 폐쇄, 수익 창출의 정지, 콘텐츠 삭제 및 채널에 주의나 경고(90일 이내 경고를 3번 받으면 채널이 폐쇄될 수 있음)와 같은 제재를 받을 수 있다.

2) 변경되었거나 합성된 콘텐츠의 사용 공개

유튜브는 위에서 살펴본 기본적인 '유튜브 커뮤니티 가이드' 외 생성형 AI를 활용한 콘텐츠의 경우에는 '변경되었거나 합성된 콘텐츠의 사용 공개'라는 정책을 두고 있다. 크리에이터가 콘텐츠 편집 또는 생성 도구를 혁신적이고 책임감 있게 사용하도록 장려하지만 시청자가 자신이 시청하거나 듣는 콘텐츠가 진짜인지 궁금해할 수 있다는 점을 상정하고, 콘텐츠에 대한 정보를 제공하기 위해 크리에이터가 실제와 분간이 어려울 정도로 유의미하게 변경되었거나 합성된 콘텐츠를 사용한 경우 이 사실을 공개하도록 하고 있다.

실제 인물이 하지 않은 말과 행동을 한 것처럼 연출하거나, 실제 사건 또는 장소의 영상을 변경하거나, 실제로는 발생하지 않았으나 진짜처럼 보이는 장면을 생성하는 경우에는 크리에이터가 이러한 사실을 공개해야 한다고 규정하고 있다. 독자들의 쉬운 이해를 위하여 다음은 해당 정책에서 들고 있는 예시를 인용한다.

크리에이터가 공개하지 않아도 됨	크리에이터가 공개해야 함
미용 필터 적용	특정 인물의 얼굴을 다른 사람의 얼굴로 변경하기 위해 콘텐츠를 디지털 방식으로 생성 또는 변경
움직이는 자동차를 시뮬레이션하기 위해 배경화면을 합성으로 생성하거나 확장	원작 영화에 나오지 않았던 유명인을 등장시키기 위해 유명 자동차 추격 장면을 디지털 방식으로 변경
효과를 사용하여 이전에 녹음된 오디오 개선	의료 전문가가 실제로 하지 않은 조언을 한 것처럼 들리게 오디오 시뮬레이션
동영상에 AI로 생성한 미사일 애니메이션 사용	실제 도시를 향해 미사일이 발사되는 모습을 사실적으로 묘사

이에 더하여 공개하지 않아도 되는 콘텐츠와 공개해야 하는 콘텐츠의 예를 아래와 같이 추가로 기술하고 있다.

[크리에이터가 공개하지 않아도 되는 콘텐츠의 예]

변경되었거나 합성되었지만 비현실적인 콘텐츠 또는 사실적인 콘텐츠를 사소하게 수정한 경우 이를 공개할 필요가 없습니다. 사소한 수정사항이란 주로 미적 요소에 관한 것으로 시청자가 실제로 발생한 일을 오해하게 만드는 방식으로 변경하지 않은 콘텐츠를 말합니다.

☐ 크리에이터가 공개할 필요가 없는 콘텐츠, 편집, 또는 동영상 제작 지원 도구의 예:

   - 사실적이지 않음

☞ 유니콘을 타고 환상의 세계를 누비는 사람

☞ 우주에 떠 있는 사람을 묘사하기 위해 그린 스크린 사용

   - 사소함

☞ 색상 조정 또는 조명 필터

☞ 특수 효과 필터(예: 배경 블러 또는 빈티지 효과 추가)

☞ 제작 지원 도구(예: 생성형 AI 도구를 사용해 동영상 개요, 스크립트, 썸네일, 제목 또는 인포그래픽을 만들거나 개선)

☞ 자막 제작

☞ 동영상 선명화, 업스케일링, 복원, 또는 음성 / 오디오 복원

☞ 아이디어 창출

☞ 음성 해설 또는 더빙을 위해 자신의 음성 복제

☞ 비디오 게임의 게임 플레이 영상

[크리에이터가 공개해야 하는 콘텐츠의 예]

유튜브는 시청자에게 현재 보고 있는 콘텐츠에 대한 정보를 제공하기 위해 변경되었거나 합성된 콘텐츠가 사실적이거나 유의미한 경우 크리에이터가 해당 콘텐츠의 사용을 공개하도록 하고 있습니다.

□ 크리에이터가 공개해야 하는 콘텐츠, 수정사항 또는 동영상 제작 지원 도구의 예:

☞ 합성으로 음악 생성

☞ 음성 해설 또는 더빙을 위해 다른 사람의 음성 복제

☞ 실제 장소에 대한 추가 영상을 합성으로 생성(예: 여행 홍보 동영상
을 위해 마우이의 서퍼를 묘사한 동영상)

☞ 실제 프로 테니스 선수 두 명 간의 경기 동영상을 사실적으로 보이
게 합성으로 생성

☞ 다른 사람이 실제로 하지 않은 조언을 한 것처럼 보이게 만듦

☞ 유명 가수가 라이브 공연에서 음을 놓친 것처럼 들리도록 오디오
를 디지털 방식으로 변경

☞ 실제로 발생하지 않은 토네이도 또는 기타 기상 현상이 실제 도시
에 다가오는 모습을 사실적으로 묘사

☞ 병원 인력이 환자를 외면하는 것처럼 보이게 만듦

☞ 공인이 훔치지 않은 것을 훔치는 것으로 묘사하거나, 훔쳤다고 인
정하지 않았는데 인정하는 것으로 묘사

☞ 실제 인물이 체포되거나 투옥된 것처럼 보이게 만듦

3. 틱톡

1) 커뮤니티 가이드라인

(https://www.tiktok.com/community-guidelines/ko/?cgversion=2025

H2update)

틱톡도 앞서 살펴본 유튜브와 유사하게 커뮤니티 가이드라인을 두고 있다. 안전 및 시민 의식, 정신 및 행동 건강, 민감한 성인 테마, 진실성 및 진정성, 규제 상품, 서비스 및 상업 활동, 개인정보 보호 및 보안으로 분류되어 있다. 이 중 먼저 생성형 AI를 활용한 콘텐츠와 관련된 내용을 담고 있는 진실성 및 진정성의 부분을 살펴본다.

[진실성 및 진정성]

☐ **허위 정보**: 개인 또는 사회에 심각한 피해를 끼칠 수 있는 허위 정보를 허용하지 않습니다.

☐ **시정 및 선거 공정성**: 투표 방법, 투표 자격 또는 선거 결과에 대한 거짓 주장을 포함하여 유권자를 현혹하거나 선거를 방해할 수 있는 콘텐츠를 허용하지 않습니다.

☐ **편집된 미디어 및 AI 생성형 콘텐츠(AIGC)**: 인물 또는 장면을 사실적으로 묘사하기 위해 AI 또는 편집을 사용하는 경우 명확한 라벨 지정을 요구합니다. 공적으로 중요한 문제거나 개인에게 해로운

사안에 대해 오해의 소지가 있는 AIGC를 허용하지 않습니다.

☐ **독창적이지 않은 콘텐츠 및 지적 재산권**: 저작권 또는 상표권이 있
는 자료를 허가 없이 리포스트하는 등 지적 재산권을 침해하는 콘
텐츠를 허용하지 않습니다.

☐ **기만행위 및 가짜 참여**: 당사의 플랫폼을 현혹하거나 조작하려는
계정 또는 인위적으로 참여를 촉진하거나 추천 시스템을 속이는
서비스의 거래를 허용하지 않습니다.

2) AI 생성 콘텐츠의 정의

(https://support.tiktok.com/en/using-tiktok/creating-videos/ai-generated-content)

틱톡은 AI로 생성된 콘텐츠를 다음과 같이 정의하고 있다.

AI 생성 콘텐츠는 특정 예술 스타일(예: 회화, 만화, 애니메이션)로 만들어진 현실적인 인간의 모습이나 묘사할 수 있는 인공 시각 자료, 비디오 또는 소리와 같이 인공지능에 의해 생성되거나 수정된 이미지, 비디오 또는 오디오를 포함한다. 그 예로는,

- AI가 이미지, 음성, 대사를 변경하거나 수정하여 실제 인물이 말하는 것
처럼 보이게 만든 영상

- 현실 세계에서 발생했지만 AI에 의해 변경되거나 수정된 장면이나 사건을 담은 비디오 또는 이미지

- 실제 또는 가상의 인물·장소·사건을 전적으로 인공지능이 생성한 동영상이나 이미지

3) AI 생성 콘텐츠 포스팅을 위해 요구하는 것

그렇다면 틱톡에 AI가 생성한 콘텐츠를 포스팅하기 위해 요구되는 것은 무엇인가?

커뮤니티를 위한 진정성 있고 투명한 경험을 지원하기 위해, 틱톡은 AI로 생성되었거나 AI의 도움으로 폭넓게 편집된 콘텐츠에 대해, 창작자가 이를 명확히 알리는 라벨을 붙이도록 권장하고 있다.

틱톡은 실제 이미지나 영상을 소스 자료로 활용하더라도, AI가 단순한 보정이나 개선을 넘어 아래와 같은 합성 이미지·영상을 포함해 크게 수정한 경우 이를 'AI에 의해 중대하게 편집된 콘텐츠'로 분류한다.

- 주요 대상들이 하지 않은 일(예를 들어 춤을 추는 등)을 하는 모습으로 묘사

- 주요 대상들이 실제로 하지 않은 발언을, AI로 생성된 음성으로 말한 것처럼 묘사한 내용

- 주요 대상들의 외형이 크게 변경되어, AI 얼굴 스왑으로 원래 대상을 더

이상 인식할 수 없게 되는 것

또한 커뮤니티 가이드라인에 설명한 바와 같이 현실적인 이미지, 오디오, 비디오가 포함된 모든 AI 생성 콘텐츠에는 라벨을 부착하거나, 명확한 자막·워터마크·스티커 등을 사용할 것을 크리에이터에게 요구한다.

4) 틱톡에서 전면 금지되는 AI 생성 콘텐츠의 종류

틱톡은 일부 AI 생성 콘텐츠나 편집된 미디어는 라벨이 적절히 부착되었더라도 여전히 피해를 줄 수 있다고 보고 있으며, 다음과 같은 내용을 포함한 AI 생성 콘텐츠는 허용하지 않는다.

- 가짜로 조작된 당국 출처나 위기 상황(무력 충돌, 분쟁, 자연재해 등)을 사실인 것처럼 제시하거나, 특정 맥락에서 공인을 명예훼손·괴롭힘의 대상으로 만들거나 범죄 또는 반사회적 행동과 연관된 것처럼 허위로 묘사하는 경우

  또한 정치적 이슈, 제품, 선거 등 공적으로 중요한 사안에 대해 특정 입장을 지지하거나 반대하는 것처럼 허위로 나타내는 경우
- 18세 미만 아동·청소년의 모습이나, 당사자의 동의 없이 사용된 성인의 사적 이미지

위의 예시에 반해 허용되는 예로는,

- 박물관 전시에서 제1차 세계대전 참전용사처럼, 교육적 목적의 특정 맥락에서 표현된 한 개인의 사망한 모습

- 유명인이 인기 있는 틱톡 춤을 추거나 정치인을 패러디하는 등, 특정한 예술적 또는 유머러스한 맥락에서 표현된 공인의 모습

생성형 AI 활용 콘텐츠 제작에 발생한 리스크 사례

앞서 생성형 AI 기반 콘텐츠 제작 과정에서 발생할 수 있는 법적·윤리적 위험을 최소화하고, 영상 플랫폼의 제재를 예방하기 위해 참고할 수 있는 주요 가이드라인을 소개하였다. 그렇다면 콘텐츠 제작자들이 이와 같은 가이드라인만 잘 준수한다면 아무런 문제가 없는 것일까?

필자는 이런 의문에 대한 답을 듣고 현장의 생생한 경험을 공유하기 위해, 이 책의 기획자이기도 한 영화사 무암의 현해리 대표와 대담을 나누었다.

무암의 AI 뮤직비디오 제작 및 팬덤의 반발

생성형 AI가 처음 등장했을 때, 나는 이 기술이 K-Pop 산업에서 자본의 한계를 창의력의 한계로 규정하지 않도록 만드는 중요한 열쇠가 될 것이라고 보았다. 불가능한 판타지 세계, 초현실적인 공간, 고비용의 CG 작업을 프롬프트로 구현하는 시각적 확장의 시대가 열린 것이다. 이것은 단순한 비용 절감의 문제가 아니다. 이는 K-Pop의 시각적 세계관을 무한히 펼칠 수 있는 기회였다. 우리는 이 기술을 활용해 세계 최초의 청각장애 아이돌 그룹 빅오션Big Ocean의 뮤직비디오를 제작하는 프로젝트를 진행한 바 있다.

하지만 이 기술적 가능성은 K-Pop의 핵심 소구층, 즉 북미와 유럽 팬덤의 강력한 '안티anti-AI 정서'라는 예상보다 훨씬 높은 현실의 벽과 마주했다. 우리가 제작한 버킷햇BUCKET HAT 뮤직비디오는, 기술을 다루는 제작자가 무엇을 만들지 못지않게 '어떻게 소통해야 하는지, 그리고 명분이 얼마나 중요한지'를 보여준 값비싼 반면교사가 되었다.

1) 명분의 역설: 제네바의 환호와 80%의 팬덤

AI 기술은 빅오션의 탄생에 큰 기여를 하였다. 청각장애를 가진 멤버들의 목소리를 AI 딥러닝으로 구현해 '노래'라는 불가능의 영역에 도전했다. 그 결과, 2025년 7월 스위스 제네바 'AI for Good 총회'에서 "AI로 편견을 뚫었다"라는 세계적인 찬사를 받았다. 이때의 AI는 선^{Good} 그 자체였다. AI는 멤버들의 한계를 보완해 주는 보조 도구$^{Assistive Tool}$였으며, '장애'라는 편견에 맞서는 선한 기술의 상징이었다. 우리는 이 성공에 고무되었다. 그리고 이 선한 명분이 '시각적 확장'이라는 또 다른 AI 기술에도 이어질 수 있다고 판단했다.

하지만 팬덤은 우리보다 훨씬 더 명확한 기준을 가지고 있었다.

2025년 7월, 우리는 버킷햇 AI 뮤직비디오의 티저를 공개하며 팬덤^{PADO}에게 공개 여부를 묻는 투표를 진행했다. 기술적 성과에 대한 자신감과, 북미·유럽권의 안티-AI 여론을 의식한 일종의 리스크 테스트였다.

결과는 충격적이었다. 투표에 참여한 팬덤의 80% 이상이 공개 반대^{No}를 선택했다. 제네바의 환호가 채 가시기도 전에, 우리는 인스타그램 댓글 창에서 글로벌 팬덤의 준엄한 목소리와 정면으로 마주했다.

2) 80%의 목소리: 팬덤은 왜 "아니오"라고 답했나

"AI는 한국 밖에서는 부정적인 단어다."

우리가 사전에 인지했던 이 우려는, 팬덤의 실제 댓글을 통해 훨씬 더 촘촘하고 논리적인 반대의 이유들로 구체화되었다. 단순히 "AI가 싫다"가 아니었다. 그들은 왜 싫은지, 그리고 어떤 AI는 괜찮고 어떤 AI는 안 되는지를 제작자들보다 더 명확하게 구분하고 있었다. 수백 개의 댓글을 분석한 결과, 팬덤의 반대 논리는 크게 세 가지로 요약된다.

① 좋은 AI와 나쁜 AI의 구분

가장 많은 팬이 지적한 핵심 논리다.

"우리는 빅오션의 노래를 돕는 AI(보컬)는 지지한다. 하지만 생성형 AI(비주얼)는 반대한다."

"AI가 소년들을 돕는 것은 훌륭한 기술 활용이지만, 뮤직비디오에 쓰는 것은 안 된다."

팬덤에게, 빅오션의 보컬 AI는 명분이 있었다. 그것은 멤버들의 장애를 극복하고 존재 자체를 가능하게 한 필수적인 기술이었다.

하지만 버킷햇 뮤직비디오는 달랐다. 이것은 필수가 아닌 선택의 영역이었다. 팬덤은 "굳이 AI를 활용해서 뮤비를 만들 필요는 없었다"고 지적했다. 이는 시각적 확장이라는 제작사의 꿈이, 팬들에게는 명분 없는 기술 과시 혹은 비용 절감의 탐욕으로 비칠 수 있음을 의미했다.

② 윤리적 문제: "AI는 도둑질이다"

두 번째 논리는 훨씬 더 근본적이고 날카로웠다.

"AI는 다른 아티스트의 것을 훔친다."
"생성형 AI는 비윤리적이다."
"제발 실제 아티스트를 고용하라."

팬덤은 생성형 AI가 무無에서 창조하는 것이 아니라, 실존하는 인간 아티스트의 작업물을 인터넷상에서 무단 학습하여 모방mimicking한다는 기술적 본질을 정확히 인지하고 있었다. 'AI for Good'이라는 선한 명분으로 출발한 그룹이, 도둑질이라는 비윤리적 논란에 휩싸인 기술을 사용하는 것 자체를 모순이라고 판단한 것이다.

"실제 아티스트를 고용하라"는 외침은, 퀄리티의 문제가 아니었다. 그것은 공정함과 윤리에 대한 요구였다.

③ 진정성의 문제: "영혼이 없다"

마지막은 감성의 영역이다.

"생성형 AI는 영혼이 없다."

"인간의 감동이 없다."

"지하실에서 춤만 추는 영상이라도, AI보다 인간이 만든 것이 낫다."

이는 최근 인터넷에서 일부 기업이 제작한 AI 광고에 대한 혹평과 정확히 같은 맥락이다. K-Pop의 핵심 자산은 기술적 완벽함이 아닌 '진정성Authenticity과 인간적인 교감Human Touch'이다. 특히 빅오션이라는 그룹의 서사 자체가 장애를 극복한 인간 승리와 노력이다. 그런데 제작사가 효율을 위해 인간의 노력을 AI로 대체하려는 듯한 시도를 보이자, 팬들은 그룹의 정체성 자체가 부정당했다고 느낀 것이다.

3) 제작자의 시선: 오해와 반성의 경계에서

이러한 팬덤의 반응은 제작자로서 많은 것을 되돌아보게 했다. 여기에는 '우리가 반성해야 할 지점'과 '팬덤이 오해한 지점'이 명확히 공존한다.

먼저, 팬덤의 오해에 대한 항변이다.

첫째, 'AI가 뚝딱 만들어주는 것이 아니다.' 팬들이 "실제 아티스트를 고용하라"고 외칠 때, 실제 아티스트는 이미 AI 프롬프트 앞에서 밤을 새우고 있었다. AI는 버튼 한 번으로 결과물이 나오는 마법 상자가 아니다. 수만 개의 결과물을 감독의 눈으로 선별하고, 재가공(리터칭, 합성 등)하는 과정의 연속이다. 이것 역시 명백한 필름 메이킹의 과정이며, 존중 받아야 할 창작 노동이다.

둘째, '제작자는 도둑질을 방지하려 노력했다.' 우리는 뮤직비디오 제작 과정에서 빅오션으로부터 명백하게 허락된 초상권만을 사용했다. 또한, 생성된 의상이나 배경이 기존 브랜드 혹은 타 아티스트의 작업물과 유사하지 않은지 철저한 자기 검열을 거쳤다. 팬들이 우려한 윤리 문제는, 우리가 사용한 도구의 태생적 한계일 뿐, 제작 과정의 문제는 아니었음을 분명히 하고 싶다.

하지만 이 항변보다 더 중요한 것은 '제작자의 반성'이다. 우리는 'AI가 메인으로 나설 필요가 없었다'는 결정적인 교훈을 얻었다. 현재 수많은 K-Pop 아티스트가 AI를 활용해 뮤직비디오를 만든다. 하지만 그들은 'AI로 만들었다'고 굳이 홍보하지 않는다. AI는 그저 수많은 스태프를 보조하는 아주 효율성 좋은 도구일 뿐이다.

우리의 전략적 판단 착오는 'AI'라는 도구를 사용한 것이 아니라, 그것을 전면에 내세워 팬들에게 판단하게 만들었다는 점이다.

AI는 도구의 자리에 있어야 했지, 스타의 자리에 있어서는 안 됐다. 이 뮤직비디오 케이스는 AI 기술이 무엇을 할 수 있는지 보다, 우리가 그것을 어떻게 사용하고 어떤 명분으로 소통해야 하는지를 먼저 고민해야 한다는 것을 가르쳐 준, 값비싼 교훈이었다.

+

생성형 AI를 활용한 콘텐츠 제작의 새로운 표준

AI는 스타가 아니라 스태프다. AI가 선도하는 것이 아니라, 창작자인 감독(인간)이 AI를 활용할 뿐이다. 그렇다면 이 효율성 높은 도구를 리스크 없이 사용하기 위한 제작자의 매뉴얼은 무엇인가? 이러한 사례에서 배울 수 있는 교훈을 바탕으로, 우리는 실제 현장에 적용되는 AI 활용의 새로운 표준을 수립하였다.

1) 윤리적 레드라인Red Line: "이것은 도둑질이다"

제작자가 생성형 AI를 사용할 때, 절대 넘지 말아야 할 첫 번째 레드라인이 있다. 바로 프롬프트에 특정인의 이름을 거론하는 것이다.

"○○○ 화가 스타일로 그려 줘" "○○○ 감독의 숏처럼 만들어 줘"와 같은 명령은, 참조가 아닌 명백한 도둑질이다.

이는 기술의 문제가 아닌, 창작자로서의 직업윤리 문제다. 팬덤이 도둑질이라는 단어를 쓰며 격렬히 반대한 이유도 여기에 있다. 그들은 AI가 '학습'이라는 이름으로 타인의 고유한 스타일을 약탈하는 것을 충분히 인지하고 있다.

이 레드라인을 넘는 순간, 우리는 혁신가가 아닌 약탈자가 된다. 그리고 팬덤은 이 비윤리적인 과정을 절대 용납하지 않는다. 제작자는 "AI가 만들었다"라는 변명 뒤에 숨을 수 없다. 그 프롬프트를 입력한 것은 결국 인간이기 때문이다. 약탈 행위로 인하여 야기된 모든 책임은 결국 그 명령을 내린 감독과 제작사에게 귀속된다.

(2) 프롬프트 바이블Prompt Bible과 자기 검열

두 번째는 혹시라도 발생할 수 있는 리스크로부터 제작자를 스스로 보호하는 방법에 관한 것이다. "우리는 도둑질하지 않았다"는 것을 어떻게 증명할 것인가?

뮤직비디오 사태 이후, 우리는 자기 검열의 과정을 고도화하고 프롬프트 바이블을 구축하는 것을 표준으로 삼았다. '프롬프트 바이블'이란, 단순히 명령어를 모아둔 스크립트가 아니다. 이것은 프로젝트의 의도와 결과를 입증하는 중요한 증거 자료가 될 수 있다. 이 프롬프트 바이블에는 다음과 같은 내용이 포함되어야 한다.

① **초기 의도**Intent

우리가 AI로 구현하려던 시각적 콘셉트와 레퍼런스 보드

(이때 레퍼런스는 특정 아티스트가 아닌 추상적인 키워드여야 한다. 예: 바로크

양식, 사이버펑크 무드)

② **핵심 프롬프트**Execution

의도를 구현하기 위해 사용한 자체적인(Original) 프롬프트의 전체 목록

③ **결과물 선별**Curation

AI가 생성한 수많은 이미지 중, 왜 이 이미지를 선택했는지에 대한 감독

의 큐레이션 노트

④ **수정 및 재가공**Modification

생성된 이미지를 그대로 쓰지 않고, 어떻게 수정하고 재가공했는지에

대한 상세한 작업 로그

이러한 프롬프트 바이블과 명확한 가이드라인, 그리고 큐시트 Cue Sheet는, 콘텐츠 납품 시 클라이언트(기획사)에게 전달되어야 하는 QC(품질 관리)의 핵심이다.

만약 결과물이 "남의 것과 비슷하다"라는 논란이 생겼을 때, 이 바이블은 "우리는 특정인을 모방할 의도가 없었으며, 이 결과물은 우리 고유의 프롬프트와 창의적 선별 과정을 거친 것"임을 증명하는 유일한 방패가 될 수 있다고 생각한다. 꾸준한 자기 검열과 객관적인 증거의 기록만이 제작자를 보호할 수 있다.

3) 눈에 보이지 않는 리스크 비용의 관리

제작자는 생성형 AI의 활용이 비용 절감으로 직결될 수 있다는 유혹에 쉽게 넘어갈 수 있다. 뮤직비디오를 기획할 때의 우리 역시, 중소 제작사의 한계를 AI가 극복해 줄 것이라 기대했다. 결론부터 말하자면, AI가 비용을 절감해 주는 것은 맞다. 해외 로케이션, 거대한 세트 제작 비용, 화려한 CG나 특수 효과에 투입되는 많은 비용을 획기적으로 줄일 수 있다. 하지만 우리는 눈에 보이는 제작비 외에, 눈에 보이지 않는 리스크 비용을 함께 계산해야 한다는 교훈을 얻을 수 있었다.

리스크 비용이란 무엇인가?

- 팬덤의 반발로 인한 마케팅 실패 비용

- 비윤리적이라는 낙인으로 인한 이미지 손상 비용

- 저작권 논란 발생 시의 법적 분쟁 비용

이 보이지 않는 비용은 단 한 번의 오판만으로도 AI가 절감한 모든 비용을 무력화시킬 만큼, 때로는 치명적이다. 따라서 AI를 사용하는 제작자는 비용 절감이라는 효율성에 매몰되어서는 안 된다. 그만큼 '우리가 타인의 권리를 침해하지는 않았는가'라는 엄격한 고민과 '프롬프트 바이블' 구축 같은 윤리적, 법적 안전장치를 마련하는 것에 끊임없는 노력과 더 많은 시간, 그리고 인력을 투입해야 한다.

진정한 비용 절감은, 단순히 제작비를 아끼는 것이 아니라, 이러한 모든 리스크를 성공적으로 관리했을 때 비로소 완성된다.

+

생성형 AI는 홍보의 대상이 아닌 도구일 뿐이다

우리의 결정적인 판단 착오는, AI를 도구에서 이벤트로 끌어올린 점이다. 'AI로 만든 뮤직비디오, 공개 투표!'라는 PR 전략은, AI를 주연 배우로 내세우고 팬들에게 스포트라이트를 비추게 만들었다. 팬덤은 정확히 그 스포트라이트에 반응했고, 명분 없는 주연을 끌어내렸다.

우리는 포토샵으로 멤버의 피부를 보정했다고 해서 그것을 "포토샵으로 만든 앨범 커버"라고 홍보하지 않는다. 마찬가지로, 전문 편집 프로그램(DaVinci Resolve 등)으로 색보정을 했다고 "다빈치 리졸브가 연출한 뮤직비디오"라고 말하지도 않는다.

생성형 AI도 마찬가지다. AI는 그저 수많은 스태프를 보조하는, 아주 효율성 좋은 도구로 자리해야 한다. AI가 선도하는 것이 아니라, 감독이 AI를 사용해 자신의 비전을 구현할 뿐이다. AI 시대의 제작자는 기술을 자랑하는 사람이 아니다. 기술을 지배하고 관리하며, 최종 결과물에 대한 모든 책임을 지는 사람이다.

이로써 우리는 명확한 기준을 배울 수 있었다. 생성형 AI는 쇼 Show가 아닌 도구Tool의 자리에 있을 때, 비로소 제작자에게 가장 강력한 무기가 될 것이다.

+

도구와 창작의 경계에서

버킷햇 AI 뮤직비디오는 우리에게 값비싼 교훈을 남겼다. 청각 장애를 보완한 보컬 AI는 제네바에서 '선한 AI'로 평가받았던 반면, 시각적 확장을 시도한 비주얼 AI는 팬덤의 80%로부터 거부되었다. 이 패러독스를 지나며 우리는 문제의 핵심이 기술이 아니라 명분에 있음을 깨달았다.

우리가 경험한 일은 AI 기술의 실패가 아니었다. 그것은 'AI를 다루는 인간의 소통 방식과 포지셔닝의 실패'에 대한 기록이다. 이 교훈은 우리에게 명확한 기준을 남겼다. **AI는 도구의 자리에 있을 때 가장 강력하며, 주연의 자리로 나서는 순간 명분 없음**이라는 가장 차가운 저항과 마주한다는 것이다.

팬덤은 우리에게 기술의 윤리성을 먼저 물었다.

"이것은 도둑질이 아닌가?"

이 질문은 AI 시대의 창작자에게 윤리적 자기 검열과 프롬프트 바이블 구축이 선택이 아닌, 우리의 창작 행위를 증명할 유일한 방패가 될 수 있음을 가르쳐 주었다. 특정인의 스타일을 탐하는 것은 혁신이 아닌 도둑질이며, 그 레드라인을 지키는 것이 생성형 AI라는 강력한 무기를 다룰 수 있는 최소한의 자격이다.

결국 AI는 '어떻게'를 해결할 뿐, '왜'에 대해서는 답하지 못한다. **왜 이 작품을 만들어야 하는지에 대한 철학과 비전은 오직 인간, 즉 창작자의 몫이다.** AI가 우리에게 벌어준 시간은, 더 많은 결과물을 쏟아내라는 의미가 아니다. 그 시간을 본질과 메시지를 고민하는 데 사용하라는 뜻이다. 자신만의 고유한 관점을 가진 철학자이자, 윤리적 기준을 세우는 전략가가 되어야 한다.

미래는 단순히 AI를 사용하는 자의 것이 아니다. 그 기술을 지배하고, 정당화하며, 기계가 결코 가질 수 없는 명분과 영혼을 불어넣는 자의 것이 될 것이다.

'Film with AI'라는 우리의 여정은, 바로 그 지점에서 이제 막 시작되었을 뿐이다.

AI 기본법 시대, 창작자가 알아야 할 법적 리스크

생성형 AI를 활용한 영상 제작은 아직 초기 단계로 볼 수 있다. 이에 따라 많은 국가의 법원에서 현재 다양한 소송이 진행 중이거나 판례들이 만들어지고 있는 중이다. 아울러 각국의 국내법 또한 제정되고 있는 모습을 볼 수 있다. 우리나라도 '인공지능 발전과 신뢰 기반 조성 등에 관한 기본법(이른바, AI 기본법)'을 2026년 1월 22일 시행했다. 또한 과학기술정보통신부는 2025년 11월 12일에 시행령 제정안을 입법예고하였다.

앞서 살펴본 각종 가이드라인들과 중복되는 부분들을 간단히 소개하면 다음과 같다.

- **AI 기본법 제31조 제1항**: AI 기본법은 인공지능 사업자가 고영향 인공지능이나 생성형 인공지능을 이용한 제품 또는 서비스를 제공하려는 경우, 제품 또는 서비스가 해당 인공지능에 기반하여 운용된다는 사실을 이용자에게 사전에 고지하도록 정하고 있다.

- **AI 기본법 제31조 제2항**: 또한 인공지능 사업자는 생성형 인공지능 또는 이를 이용한 제품 또는 서비스를 제공하는 경우 그 결과물이 생성형 인공지능에 의하여 생성되었다는 사실을 표시하여야 한다.

- **시행령 제정안 제22조 제2항**: AI 기본법 제31조 제2항에서 정하는 결과물에 대한 '생성형 인공지능에 의한 생성' 표시는 그 결과물에 사람 또는 기계가 판독할 수 있는 형식으로 할 수 있도록 규정하였다. 이는 비가시적 워터마크를 인정한다는 취지로 의미가 있다. 다만 기계가 판독할 수 있는 방법으로 표시할 경우 '생성형 인공지능에 의하여 생성되었다'는 사실을 1회 이상 안내 문구·음성 등으로 제공하여야 한다.

- **AI 기본법 제31조 제3항**: 인공지능 사업자는 인공지능 시스템을 이용하여 실제와 구분하기 어려운 가상의 음향, 이미지 또는 영상 등의 결과물(딥페이크 결과물)을 제공하는 경우, 해당 결과물이 인공지능 시스템에 의하여 생성되었다는 사실을 이용자가 명확하게 인식할 수 있는 방식으로 고지 또는 표시하여야 한다. 이 경우 해당 결과물이 예술적·창의적 표현물에 해당하거나 그 일부를 구성하는 경우에는 전시 또는 향유 등을 저해하지 아니하는 방식으로 고지 또는 표시할 수 있다.

- **시행령 제정안 제22조 제3항:** 딥페이크 결과물은 이용자가 명확하게 인식할 수 있는 방식으로 고지 내지 표시되어야 하므로 비가시적 워터마크가 인정되지 않고, ① 이용자가 시각, 청각 등을 통하거나 소프트웨어 등을 이용하여 쉽게 내용을 확인할 수 있는 방법으로 고지 또는 표시, ② 주된 이용자의 연령, 신체적·사회적 조건 등을 고려하여 고지 또는 표시라는 사항을 고려하여 이용자가 명확하게 인식할 수 있는 방법으로 고지 또는 표시하여야 한다.

생성형 AI를 활용하여 콘텐츠를 제작할 때에 위와 같은 국내법의 준수는 필수 사항이 될 것이나, 다만 법의 제정 및 개정은 급변하는 기술의 발전 속도에 비해 다소 느리다는 점을 고려하였을 때, 콘텐츠 제작자의 입장에서는 각종 영상 플랫폼의 가이드라인의 업데이트에 지속적으로 관심을 기울여야 할 필요가 있다고 생각한다.

콘텐츠 제작자가 사회의 변화와 기술의 발전에 발맞추어 유연하게 대응하기 위해서는 이에 대한 지속적인 모니터링과 정보 수집이 필수적일 것이다.

콘텐츠 제작자는 고도의 크리에이티브한 작업을 하게 된다. 본업에 매진하여 만족스러운 결과물을 제작하기 위해서는 예상하지 못한 리스크에 발목이 붙잡혀 금전적, 정신적 고통을 받거나 불필요한 시간이 낭비될 가능성을 사전에 회피 및 최소화하는 일은 아무리 강조해도 지나침이 없다.

에필로그

VISION + α,
당신만의 시선으로 여는 다음 세계

이 책을 덮는 지금, 우리는 분명히 다른 시대의 문턱에 서 있다. 영상은 더 이상 거대한 스튜디오와 거대한 예산의 전유물이 아니다. 스마트폰과 생성형 AI, 그리고 약간의 호기심만 있다면 누구든 '하나의 세계'를 만들어낼 수 있는 시대가 열렸다. 이 책이 함께 따라가 본 것은 바로 그 변화의 전모이다.

이 여정의 첫 장에서 우리는 생성형 AI가 어떻게 폭발적으로 성장하고 있는지, 시장과 산업, 일자리의 풍경이 어떻게 바뀌고 있는지를 살펴보았다. 광고제의 키워드가, 영화제의 경쟁 부문이, 방송사의 제작 시스템이 'AI'를 전제로 다시 설계되고 있음을 확인했다. 동시에 그 변화는 특정 전문가 집단의 전유물이 아니라, 평범한 창작자들, 이제 막 시작한 1인 크리에이터, 그리고 이 책을 들고 있는 '당신'의 기회이기도 하다는 점을 짚어 보았다.

그러나 이 책이 반복해서 강조해 온 것은, 기술 그 자체가 아니라 '어떻게 쓰느냐'의 문제이다. AI가 만들어낸 영상이 아무리 정교하더라도, 그 속에 담길 이야기를 설계하고, 의미를 부여하고, 책임을 지는 주체는 결국 '인간 창작자'이다. 그래서 이 책은 AI 시대일수록 왜 '영상 스토리텔링'이 더 중요해지는지, 그리고 어떤 영상이 사람들의 마음을 움직이는지를 집요하게 파고들었다.

'후크'로 시작해 가치, 보상, 반전으로 이어지는 구조, 관객의 시간을 훔치는 오프닝 전략, 캐릭터와 사건이 서로를 밀어 올리는 서사 설계, 그리고 장르와 플랫폼의 재조합. 이 모든 논의는 결국 하나의 질문으로 수렴된다.

"같은 AI 도구를 쓸 때, 무엇이 당신의 영상을 다르게 만드는가?"

이 질문에 대한 이 책의 답은 '비전VISION+α'이다.
View, Initiative step, Story, Image, Optimize, Novelty 그리고 그 위에 덧씌워지는 +α.

어떤 시선View으로 세상을 바라볼 것인가,
어떻게 시작Initiative해 첫 8초 안에 관객을 붙잡을 것인가,
어떤 이야기Story로 마음을 흔들 것인가,
어떤 이미지Image로 기억에 남을 것인가,

어떤 플랫폼 전략^{Optimize}으로 관객을 만날 것인가,

어떤 새로움^{Novelty}으로 익숙함을 낯설게 만들 것인가.

그리고 마지막으로, 그 모든 것을 당신만의 경험·가치관·감수성이라는 +α로 엮어내는 것. 그것이 AI 시대의 진짜 경쟁력이라는 점을, 우리는 수많은 K-콘텐츠 사례와 흥행 공식들을 통해 확인했다.

이 책에서는 보다 실무적인 차원에서 이 질문에 답하고자 했다. 미드저니, 나노 바나나2, 믹스보드 같은 도구들을 어떻게 사용하면 되는지, 프롬프트를 어떤 구조로 작성해야 영상이 의도대로 나오는지, 한 장의 이미지에서 어떻게 10초짜리 숏 필름을 뽑아내고, 그 숏 필름들을 어떻게 엮어 하나의 시퀀스를 구성할 수 있는지 차근차근 따라가 보았다.

여기서 중요한 사실은 하나이다. **생성형 AI 영상 제작은 이제 '전문가만의 기술'이 아니라, 누구나 '학습 가능한 기술'이 되었다는 것이다.**

아이디어를 한 문장으로 정리하고, '누가-어디서-무엇을-어떤 분위기로-어떻게 보이게 할 것인지'를 질문하며, 몇 번의 시행착오를 거쳐 자신의 프롬프트 언어를 다듬는 과정.

이 반복만으로 우리는 충분히 '나만의 스타일'을 갖춘 AI 영상

제작자로 성장할 수 있다. 이 책의 곳곳에 배치된 실습과 팁들은, 바로 세 가지 단계의 계단을 조금 덜 두렵게 만들기 위한 장치들이었다.

또한 이 책은 기술의 가능성만이 아니라 그 아래 드리워진 그림자와 책임에 대해서도 이야기했다. 실제 제작 현장에서 벌어진 사례들을 따라가며, 팬덤의 반발, 저작권과 초상권, 플랫폼의 제재와 같은 문제들을 마주했다. 동시에 국내외 방송사·플랫폼·기업들이 마련한 AI 가이드라인을 살피며, 우리가 어떤 원칙을 지켜야 하는지, 어디까지가 창의이고 어디서부터가 침해인지, '인간 중심의 AI'란 구체적으로 무엇을 의미하는지 고민해 보았다.

결국 이 책이 말하고자 하는 미래는 단순하다.

AI가 인간을 대체하는 미래가 아니라,

AI가 인간의 창작을 증폭하는 미래,

무책임한 AI 사용이 아니라,

윤리와 법의 언어를 이해하는 창작자의 미래,

기술의 홍수 속에서 길을 잃는 시대가 아니라,

배움과 실천을 통해 자기만의 길을 여는 시대이다.

이제 남은 것은 독자의 몫이다.

이 책을 통해 시장의 흐름을 이해했다면, 영상 스토리텔링의 기본기를 다시 한번 정리했다면, 몇 가지 도구의 사용법과 실습 흐름을 머릿속에 그려볼 수 있게 되었다면, 그리고 AI 시대의 윤리와 책임에 대해 나름의 기준을 세웠다면, 사실 당신은 이미 '준비된 창작자'이다.

이제 해야 할 일은 거창한 것이 아니다. 메모장에 떠오르는 장면을 한 문장으로 적어 보고, 그 장면을 프롬프트로 풀어 미드저니나 다른 도구에 던져 보고, 마음에 든 이미지를 몇 장 골라 짧은 영상으로 엮어 보고, 한 번 더 고쳐 본 뒤, 망설임을 조금만 줄이고 세상에 올려 보는 일.

그 한 번의 시도가, 당신의 첫 AI 숏 필름이자, 다음 프로젝트로 이어지는 출발점이 될 것이다.

이 책의 서문에서 우리는, 거대한 기술의 파도가 누구에게나 같은 속도로 다가오지만, 그 파도 위에 서는 사람과 그대로 떠밀리는 사람은 다르다고 말한 바 있다. 이제 우리는 그 파도의 이름이 무엇인지, 물결의 방향이 어디를 향하는지, 어떤 서핑 보드를 준비해야 하는지 충분히 살펴보았다.

이제 지도는 덮고, 바다로 나갈 차례이다. 어쩌면 당신의 영상은 처음에는 서툴고, 어색하고, 완성도가 아쉬울지도 모른다. 하지만 많은 창작자가 이야기하듯, "좋은 이야기는 발견되는 것이 아니라, 빚어지는 것"이다. 도구를 다루는 손은 쓸수록 익어가고, 프롬프트의 언어는 쓰면 쓸수록 당신다운 문장으로 변해간다. 그리고 어느 순간, 알고리즘의 피드 한켠에서, 누군가의 마음을 잠시 멈춰 세우는 영상 하나가 올라올지도 모른다. 그 영상의 크레딧에는, 아주 짧게 이렇게 적혀 있을 것이다.

Film with AI, by (당신의 이름)

그때 이 책이 당신 곁에서 작게라도 역할을 했다면, 그것으로 충분하다.

여기까지 함께 걸어온 모든 독자에게 감사의 마음을 전한다. 이 책을 덮는 이 순간이, 당신의 다음 컷을 향한 첫 슬레이트가 되기를 바란다.

이것도 AI가 만듦

초판 1쇄 발행 2026년 2월 6일

기획 주식회사 무암(MooAm)
공동기획 동아방송예술대학교 산학협력단
지은이 한선옥 조인호 문현웅

편집 정온지
표지 디자인 스튜디오 사지
내지 디자인 박은진

마케팅 총괄 이유림
마케팅 임주성 안보라
경영지원 이지원

펴낸곳 파지트 | **펴낸이** 최익성
출판총괄 최익성 | **출판등록** 제2021-000049호

주소 경기도 화성시 동탄원천로 354-28 | **전화** 070-7672-1001
이메일 pazit.book@gmail.com | **인스타** @pazit.book

 ISBN 979-11-7152-129-6 (03320)